Uwe
Pettenberg
Das
Männer-
Prinzip

Uwe
Pettenberg

Das Männer-Prinzip

Warum die einen
glücklich sind
und die anderen
immer noch
suchen

HERBiG

MIX
Papier aus verantwor-
tungsvollen Quellen
FSC® C014496

© 2014 F. A. Herbig Verlagsbuchhandlung GmbH, München.
Alle Rechte vorbehalten.
Umschlaggestaltung: Wolfgang Heinzel
Lektorat: Monika Esterer
Umschlagfoto: Henning Pettenberg
Satz: Buch-Werkstatt GmbH, Bad Aibling
Gesetzt aus 11,25/14,5 pt Minion
Druck und Binden: GGP Media GmbH, Pößneck
Printed in Germany
ISBN 978-3-7766-2746-6
Auch als ebook

www.herbig-verlag.de

Meiner Mutter.
Es war dein »Job« und du kannst es tragen.
Ich liebe dich als dein Kind, anders als gestern.

Inhalt

Vorwort:
Warum sind viele Männer so unglücklich und unfrei?

Was tun wir Männer uns nur an? Blickt man umher, trifft man auf Männer, die sich um Kopf und Kragen, um ihre Seele arbeiten oder Gefahr laufen zu erstarren, die nichts mehr anpacken wollen oder können. Viele unter uns haben das Gefühl, immer deutlicher von ihrem ganz persönlichen Weg abzukommen. Bleiben wir Männer langsam auf der Strecke? Wir schaffen es oftmals nicht mehr aus dem Vollen zu schöpfen und damit kraftvoll das zu tun, was uns wichtig und richtig erscheint. Im Gegenteil, wir fühlen uns leer, erschöpft und stellen uns dann oft die Sinnfrage:»Was soll das Ganze eigentlich?« Private und berufliche Beziehungen scheitern, ohne dass wir wissen, was überhaupt geschah. Wir fühlen uns kontaktlos, ratlos, allein und uns selbst überlassen. Im Extremfall sind wir sogar in unserer Existenz erschüttert – diese Erschütterung führt immer häufiger direkt in eine depressive Verstimmung bis zum Burn-out.

So handelt dieses Buch von uns Männern, die sich oftmals bestens mit der Arbeit im Unternehmen identifizieren können und mit GmbHs, AGs und OHGs auskennen, dabei aber etwas für ihr Leben ganz Wesentliches aus den Augen verloren haben: Sich selbst. Als unsere eigene ICHselbstAG® sind wir eine Aktiengesellschaft, die wir nicht nur nicht wirklich kennen, sondern in der andere Menschen die meisten Anteile und damit die mehrheitliche Mitsprache haben. Wer mag da mitsprechen?

Meine besondere Erfahrung: Bei uns Männern ist der größte Anteilseigner die eigene Mutter.

Nein, entgegen der volkskundigen Meinung, dass wir Männer unsere Probleme mit dem Vater haben müssten, ist er es erst einmal nicht. Unser Vater, der natürlich eine tragende Rolle in unserem männlichen Leben spielt und den wir deshalb ein Leben lang suchen, bekämpfen oder auch verurteilen, hat erst in zweiter Linie einen großen Einfluss auf uns. Unsere Mutter hingegen agiert nicht offensichtlich im Vordergrund, sondern eher in unserem Unbewussten. Ähnlich einem Treuhänder also, der anderen den Blick auf das Wesentliche verwehrt. Weil wir über diesen mächtigen Mitsprecher keine bewusste Kenntnis besitzen, lehnen wir uns auch nicht gegen ihn auf und bleiben der gewohnten Stimme aus dem Off verbunden. Da wir Männer in der Regel unsere eigene Persönlichkeit nicht so gerne überprüfen – unsere Kraftfahrzeuge dagegen bringen wir regelmäßig zum Kundendienst –, bleibt uns damit ein wesentlicher und wichtiger Wirkfaktor unseres gesamten Lebens verborgen.

So veruntreuen Sie Ihr eigenes Lebenskapital!

Übrigens: Es spielt keine Rolle, ob wir von unserer Mutter Tausende von Kilometern entfernt sind oder noch unter dem gleichen Dach wohnen. Es spielt nicht einmal eine Rolle, ob sie noch lebt oder bereits verstorben ist. Der wesentliche Punkt ist, dass wir in eine Art Wechselbeziehung mit ihr verstrickt sind, die unsere Erlaubnis für ein glückliches Leben behindert und unsere Eigenständigkeit blockiert. Diese gilt es in uns selbst aufzudecken.

Es geht nicht darum, was wahr ist, sondern, was in Ihnen wirkt! Es geht also weniger darum, mit Ihrer Mutter etwas faktisch zu klären – es geht darum, dass Sie eine Klärung in sich finden!

Wäre es nun nicht schön, Greifbares an die Hand zu bekommen, praktische Ideen, die uns beim Verändern helfen? Referenzwerte, um zu wissen, wo ich selbst gerade stehe? Einen Abgleich mit anderen »Leidensgenossen«, aber auch mit denen, die es geschafft haben?

In meiner Arbeit mit Männern habe ich immer wieder feststellen dürfen, dass die Probleme auf den ersten Blick sehr unterschiedlich scheinen, es bei näherem Hinsehen aber gar nicht sind. Schon früh machen gerade wir Männer uns auf die Suche nach Anerkennung. Weil wir sie aber meistens nicht so erhalten, wie wir uns dies wünschen, beginnen wir ganz unbewusst, eigene Mechanismen zu entwickeln, die uns scheinbar dazu verhelfen könnten. Jahre später werden diese Strategien zu Fallstricken. Das macht uns im Laufe der Jahre immer unglücklicher. Glückliche Männer – das durfte ich herausfinden – sind glücklich, weil sie frei von diesen Fallstricken der Vergangenheit leben. Sie verfolgen, bewusst oder unbewusst, ein Prinzip, das auch alle anderen Männer für sich nutzen können: das Männer-Prinzip. Sie blicken frei in die Zukunft, ohne sich von der Vergangenheit belasten zu lassen, sie leben den Augenblick und können so zufrieden und optimistisch ihre Ziele verfolgen. Nur wer seine Probleme erkennt, kann sich von ihnen lösen und auf seinem Lebensweg in die richtige Richtung abbiegen.

Sollten Sie also nicht mehr so weitermachen wollen wie bisher, machen Sie sich jetzt bereit für eine freundliche und verantwortungsvolle Übernahme des wichtigsten Projektes, das Sie haben: Ihr eigenes Leben. Ich lade Sie ein, mit mir dieses Buch zu erleben und dabei ganz unbemerkt über sich hinauszuwachsen. Es ist eine wunderbare Reise mit wirkungsvollen Ergebnissen.

Kapitel I

Aller Suche Anfang

Wann sind wir Männer eigentlich Männer?

Früher war alles besser? Noch vor wenigen Jahrzehnten gab es klare Leitbilder, gerade für uns Männer. Es schien, als hätte jeder in der Gesellschaft und in der Familie eine exakt definierte Rolle. Der Mann kümmerte sich um das Geld, die Frau um Kinder und Küche. Die Frau ordnete sich der männlichen Autorität unter und sorgte bei den Kindern für die Erziehung. Wenn das nicht ausreichte, hieß es: »Na warte, bis heute Abend der Papa nach Hause kommt!« Eine unmissverständlich klare Welt.

Heute ist vieles anders. Unser Wissen um uns und die Gesellschaft hat viele Normen und Lebenskonzepte aufgelöst. Längst ist das traditionelle Rollenbild von Mann und Frau vielen neuen Lebensweisen gewichen. Alles begann mit der Studentenrebellion der 68ger. Junge Männer versuchten, sich von der Generation ihrer Väter abzugrenzen und wollten einfach ganz anders sein, ohne zu wissen, was das ist. Es fehlten Vorbilder. Und damit begann die Zeit des Experimentierens, nicht nur auf männlicher, sondern auch auf weiblicher Seite.

Das etablierte Männerbild geriet ins Wanken.

Nun kam die Frauenbewegung in Schwung. Im Unterschied zu den Männern wussten die Frauen ziemlich genau, was sie wollten: Gleichberechtigung. Das Feindbild »Mann« war klar, das Projekt Geschlechterkampf wurde gestartet.

In den 1970er-Jahren wurde das Ende der Vollbeschäftigung eingeläutet. Der Mann konnte sich nun nicht mehr so kraftvoll auf das beziehen, was früher für ihn im Mittelpunkt stand: Arbeit und Beruf. Auch hier machten die Frauen mobil und veränderten fortan die Arbeitswelt. Der neue Mann, der sich auch zurücknehmen kann, entstand. Doch auch hier fehlten Vorbilder. Im Gegensatz zu uns Männern blieben die Frauen auf Kurs. Verschiedene gesetzmäßige Regularien, die »Mann« auf Position hielten, wurden nun aufgehoben. Bis 1977 konnte ein deutscher Ehemann seiner Frau tatsächlich noch rechtmäßig verbieten, berufstätig zu sein! Vergleicht man die letzten 30 Jahre, in denen sich das Rollenbild verändert hat, mit den 4000 Jahren unerschütterlicher Männerherrschaft zuvor, ist es kein Wunder, dass Männer heute noch Schwierigkeiten haben, ihre neue Rolle zu definieren.

Der traditionelle Mann von gestern ist ausgestorben.

Leider gibt es noch keinen »neuen« Mann. Die Zeiten der Paschas sind vorbei, doch was kommt? Die vielen Anforderungen, die an den modernen Mann gestellt werden und die er mittlerweile an sich selbst stellt, scheinen nahezu unerfüllbar: erfolgreich, in Ellenbogentechnik geschult, mobil, kommunikativ, Zuhörer, perfekter Handwerker, partnerschaftlich und rücksichtsvoll, fantasievoll und romantisch, sportlich engagiert, kulturell interessiert, liebevoller Vater, echter Kerl …

Männer in der Krise.

Die Mehrzahl von uns hat die Veränderung der Situation noch nicht einmal wirklich erfasst. Viele von uns bemerken sie nur oberflächlich dadurch, dass sie sich nicht mehr als Mitgestalter, sondern eher als Opfer fühlen. Beziehungen werden zunehmend schwieriger und angesichts der vielen weltweiten Möglichkeiten, Berufe zu gestalten, lockt vermehrt das Single-Leben. Aber es erfüllt uns nicht wirklich.

Denn der evolutionäre Trieb und Wunsch, eine harmonische Familie zu gründen und Geborgenheit zu erfahren, ist nach wie vor tief in uns verwurzelt. Gelingt uns dies nicht, muss es uns doch ganz leicht fallen, die Geborgenheit unbewusst dort zu suchen, wo es uns ehemals schon so gut gegangen ist: bei der Mutter. Oder haben wir uns höchst vorsorglich noch nicht einmal wirklich von unserer Mutter entfernt? Viele unter uns sehen gar keinen Grund dafür, sich wirklich abzunabeln und etwas zu verändern. Wir sind dann weiterhin, gemäß dem alten Rollenbild, in unserem Beruf so engagiert und gleichzeitig frustriert bis der Arzt kommt.

Sollten wir es dann doch zu einer Familie bringen, glänzen wir meist wieder durch die gleichen Qualitäten wie unsere Väter: Wir brillieren durch Abwesenheit. Mit jedem Kind wird die Distanz zur Partnerin größer und damit auch der Stress. Wir Männer sind auch hier überfordert, weil wir versuchen, allen gerecht zu werden, und so in unseren eigenen Ansprüchen absaufen. Und im schlimmsten Fall werden wir in tiefer Hilflosigkeit immer kontakt- und beziehungsärmer, weil wir uns nicht mehr um uns selbst kümmern. Zwischen Team-Meeting, Windeln und Hausbau bleibt wenig Raum für die Selbsterfahrung als Mann.

Unsere wichtigsten Beziehungen. Abhängig und angepasst?

Die erste Frau in Ihrem Leben

Wir Männer spekulieren oft darüber, mit wem wir wohl unsere erste Beziehung im Leben hatten. Wer war die erste Frau, die wir beglückt haben oder die uns beglückt hat? Manch einer unter uns hat es längst vergessen und erinnert sich nicht mehr an das erste Mal. Doch die Frau, von der ich jetzt spreche, werden Sie nicht vergessen haben: Die erste Frau in Ihrem Leben ist Ihre leibliche Mutter. Ihre evolutionäre Verbindung zu ihr ist in Ihr Herz und Ihre Seele eingebrannt und von einer enormen emotionalen Tragweite, die Sie jetzt in diesem Moment vielleicht noch nicht absehen können.

Es mag seltsam klingen, aber vor allem anderen kommt erst einmal Mutti. Das hat Folgen.

Wir alle sind in unserer Mutter in den ersten zehn Monaten unseres Lebens gereift. Zehn Monate sind eine lange Zeit, um in Kontakt zu kommen. Wahrscheinlich fühlten wir uns dort in unserem Leben am wohlsten, wo wir die kürzeste Zeit verbrachten: Im Mutterleib. Das schafft enorme Nähe und Verbindung.

Deshalb erfolgt unsere wirkliche Entbindung erst jetzt.

Viele unter uns erleben die Verbindung zu ihrer Mutter unbewusst ähnlich einer imaginären Nabelschnur. Sie wird uns so lange nicht loslassen und frei werden lassen, bis wir sie nicht deutlich greifbar und spürbar gemacht und im Erwachsenenalter endgültig und bewusst durchtrennt haben.

Die Inaktivität, also das Nicht-Durchtrennen der psychischen Nabelschnur, kostet uns Männer unsere männliche Freiheit. Können wir uns nicht bewusst von unserer Mutter verabschieden, bleiben wir ihr auf unterschiedlichste Art und Weise treu und loyal. Diese Treue und Loyalität haben wiederum Folgen. Sie beeinflussen Partnerschaft und Sexualität, die Erziehung unserer Kinder, den Umgang mit unseren eigenen Gefühlen wie Angst, Scham und Unsicherheit.

Was schon vor unserer Geburt passiert.

Menschen, also auch wir Männer, sind wahre Anpassungsprofis. Es ist unser ursprünglicher Überlebensinstinkt, der uns ein permanentes Wechselspiel zwischen Stabilisierung und Veränderung gelingen lässt. Dieses Wunder der Anpassung geschieht auf eine ganz natürliche Weise und unfreiwillig. Wir können gar nicht anders, als uns nach dem zu richten, was uns vor und nach der Geburt präsentiert wird – ob wir nun zufrieden oder unzufrieden damit sind. Und die Geschichte geht natürlich weiter: Während der ersten beiden Lebensjahre können wir Menschen unserer Befindlichkeit und Unzufriedenheit und all den Nöten nur unzulänglich Ausdruck verleihen. Dennoch zeichnet unser Gehirn ständig Gefühle auf, die aus den Beziehungen zwischen uns und den anderen, in erster Linie zwischen Ihnen und Ihrer Mutter, entstanden sind. In dem Maße, wie Ihre Mutter Liebe erfahren hat und uns mit Liebe umgeben hat, in diesem Maße werden auch Sie Liebe erfahren und weitergeben können. In der Weise, in der Ihre Mutter Beziehungen erlebt, werden auch Sie Ihre Idee zu Beziehungen sehen und überprüfen müssen. Und an erster Stelle werden Sie dazu Kenntnis erhalten, wenn Sie sich ansehen, wie die Paarbeziehung Ihrer Mutter zu Ihrem Vater verläuft.

Denn genau diese Beziehung ist es, die so große Auswirkung auf Sie hat, weil genau dieses Beziehungsmuster Wirkung – weit über die Kindheit hinaus – zeigt. Die Zufriedenheit, in der Ihre Mutter die Partnerschaft mit Ihrem Vater erlebt hat, ist maßgeblich entscheidend dafür, wie weit Sie sich gegengeschlechtlichen Individuen nähern können und Nähe erleben werden. Die Art, wie Ihre Eltern ihre Beziehung gepflegt haben, hat entscheidenden Einfluss darauf, wie Sie selbst Beziehungen leben werden bzw. wie weit Sie sich von der erlebten Beziehungsform entfernen können.

Die glückliche Beziehung Ihrer Eltern ist eine wichtige Voraussetzung für Ihre Freiheit.

Alles Erleben Ihrer Mutter, Verlassensängste, Angst vor Gewalt, Einsamkeit, Aggressionen gegen den Partner, Verletzungen durch Außenbeziehungen, haben einen massiven Einfluss auf Sie und werden maßgeblich die Bindung von Ihrer Mutter zu Ihnen bestimmen. In vielen Fällen werden die Defizite, die eine Mutter in der Beziehung erlebt, auf das Kind übertragen. Dies ist der größte Gefahrenherd für uns Männer, denn die Gefahr der unbewussten, potenziellen Verwechslung von uns als Mann mit dem Vater ist enorm hoch. In einem Zeitalter, in dem in Großstädten jede zweite Ehe geschieden wird, gibt es unzählige junge Männer, die für ihre Mutter unbewusst und ungewollt als Partnerersatz einstehen. Der moderne junge Mann wird oftmals zum Ersatzpartner, ohne dass einer von beiden, Mutter und Sohn, Böses im Schilde führen würde. In der Regel passiert alles auf der einen Seite aus Liebe und auf der anderen Seite aufgrund dieser Hilflosigkeit, was die Erziehung des jungen Mannes angeht, die gerade Mütter erfahren, die keine geordneten Verhältnisse zu dessen Vater erlebt haben.

Gefährliche Dynamik: Wenn die Nabelschnur noch zieht.

Neben diesen frühkindlichen Beziehungsmustern, die wir erfahren und aufsaugen, ob wir wollen oder nicht, wartet unser spannendes Leben mit einer weiteren Verpflichtung auf, der wir uns in der Regel ebenfalls nicht wirklich bewusst sind. Nicht nur das evolutionäre Geschehen im Mutterleib verbindet uns auf das Engste mit unserer Mutter, sondern auch die Geburt an sich. Denn mit unserer leiblichen Geburt erhalten wir etwas, das wir in keinem Falle, sei der Wille auch noch so groß, zurückgeben können: das Geschenk des Lebens.

Mit diesem größten »Geschenk« beginnt das erste und vielleicht größte Ungleichgewicht in unserem Leben. Ein Geschenk, dem Sie nichts als Ausgleich entgegenzusetzen haben. Sie müssen es einfach annehmen. Denn dieses gewichtige Geschenk lässt sich von nun an nie mehr ausgleichen, auch wenn wir uns noch so anstrengen.

So war unsere Geburt eben keine Entbindung, sondern eine Verpflichtung.

Wir fühlen die Verpflichtung, dieses große Geschenk des Lebens in irgendeiner Form wieder auszugleichen. Die Wahrheit ist, dass es uns nie gelingen wird. Doch die Kraft, den Ausgleich zu erzeugen, lässt uns unbewusst Dinge mobilisieren, deren Ausmaß erst sehr viel später in unserem Leben Wirkung zeigen wird. Es entsteht eine Art Schuldigkeit, die uns weiterhin so anpassungsfähig werden lässt, weil wir nichts offen lassen wollen und nichts unversucht lassen wollen, um diese »Schulden« auszugleichen. Und je nachdem, wie wir diesen Ausgleichsversuch mit unseren eigenen Ideen vom Leben vereinbaren können, leben wir frei, ungebunden, weil eben entbunden, oder eher ungesund, hörig und angepasst.

So zeigt sich die Nabelschnur, die eigentlich physisch wenige Minuten nach unserer Geburt durchschnitten wird, psychisch in unserer Seele und unseren Herzen oftmals ungetrennt. Wir können diese Nabelschnur nicht fühlen, doch sie hält uns zurück von einem erfüllten, glücklichen Leben.

Der Thron: Überschätzung von Mutter (und Vater).

Neben diesem ausgeprägten Versuch des Ausgleichs von Geben und Nehmen und dem essenziellen Wunsch nach Anerkennung begleitet uns ein Gefühl, das uns auf der einen Seite Zusammenhalt fühlen lässt und auf der anderen Seite noch stärker bindet. Es ist die Angst vor dem Verlust der Zugehörigkeit. Wenn Ihnen sehr früh in der Kindheit klargemacht worden ist, dass Sie eigentlich unerwünscht waren, dass die Eltern eigentlich nur Ihretwegen geheiratet haben oder dass Sie statt einem Jungen besser wohl ein Mädchen geworden wären, dann wird diese Angst geschürt: Sie fürchten, dass Sie nicht dazugehören dürfen. Sie werden nun nichts unversucht lassen, um der eigenen Familie zu zeigen, dass Sie in irgendeiner Form dazugehören und diese Zugehörigkeit natürlich auch verdient haben.
Wir setzen also Mutter und Vater auf einen unerreichbaren Thron, dienen uns ihnen auf die unterschiedlichste Art und Weise an und bemerken in unserer vermeintlichen Freiheitsidee nicht, wie gebunden wir eigentlich noch sind. Wir gehorchen Obrigkeiten und unterwerfen uns unseren Frauen, weil wir nicht fähig sind, eine klare Stellung zu beziehen und »unseren Mann zu stehen«.

Viele überschätzen die Beziehung zur Mutter und unterschätzen die daraus folgende Dynamik in der Beziehung mit unseren Partnern. Wir wollen Mutter noch immer zeigen, wie toll wir doch sind, und wünschen uns von unserer Partnerin, dass sie dies mindestens genauso sieht – wenn möglich auch die Suppe ganz nach Mamas Rezept kocht.

Das größte Tor zu Ihrem Mannsein bleibt Ihre Mutter!

Die einzige Chance, die wir Männer haben, ist die bewusste Loslösung von der Mutter. Nur diese macht uns wirklich frei. Eine räumliche Distanz hilft uns dabei nicht. Das klare Verhältnis und die eindeutige Positionierung als erwachsener Mann lässt uns von der Mutter wohlwollend distanzieren. Erst dann kann die Mutterliebe fließen, die sehr oft vollkommen missverstanden wird, und die reife erwachsene Liebe, die eher bedingungslos ist, kann mit einer Partnerin gelebt werden. Die Entbindung von der leiblichen Mutter ist Ihr größtes Tor in Ihre männliche Freiheit.

Der Grund für unsere Verstrickung: Loyalität, Bindung und Treue

Loyalität ist eine Art Treueschwur, der in frühester Kindheit geleistet wird. Es ist ein tiefer innerer Herzenspakt, der stärker ist als jeder rechtlich geschlossene Vertrag. Es ist das Bündnis, das uns die Zugehörigkeit sichert, die für uns lebensnotwendig ist. Wir wollen dazugehören und gehorchen deshalb auch unseren Eltern. Die Loyalität ist der große Kleber für unsere Bindungen und gibt uns Halt innerhalb der Familie, der uns sogar eine »Unordnung« – wir kommen später noch auf den Wert der »Ordnung« – innerhalb des Familiensystems ertragen lässt.

Fühlen wir uns in freundschaftlichen Beziehungen ungerecht, also unordentlich behandelt, fällt uns dies meistens auf und wir können uns bewusst widersetzen. Im System der eigenen Familie sind uns diese Verbindungen – in oftmals größter Unordnung – nicht bewusst. Und oftmals sehen wir diese erst dann, wenn unsere eigenen Lebensentscheidungen nicht den Wünschen der Eltern entsprechen. Wir wünschen uns dann unser eigenes Leben zu leben, wollen bewusst anders sein, aber es mag uns nicht wirklich gelingen. Unser Leben fühlt sich dann gebremst oder unkontrollierbar an. Wir bekommen unsere eigene Kraft nicht auf die Straße.

Der loyale Schwur der Treue macht es uns oftmals so schwer, den richtigen Abstand oder gar eine gute Grenze zur eigenen Mutter zu gestalten.

Bindung stärkt und schwächt uns.

Wie schon erwähnt, haben wir als kleines Kind keine große Wahlmöglichkeit und sind erst einmal abhängig von unseren Eltern. Wenn wir von ihnen nicht zu essen bekommen, werden wir verhungern. Werden wir falsch gekleidet, schwitzen oder frieren wir. Wenn wir nicht berührt werden, sterben wir. Wachsen wir in einer begüterten Umgebung auf, wird es uns leichtfallen, Urvertrauen, Selbstwertgefühl und Bindung einzugehen, die uns auch später als erwachsene Männer eine klarere Position als Mann ergreifen lassen und uns stabile Beziehungen leben lassen. Erleben wir hingegen Frustration, Zurückweisung und Gefühllosigkeiten, sind wir besonders leicht gewillt, uns selbst nicht in Ordnung zu fühlen und meist Fehler bei uns zu suchen. Das schürt immer mehr Misstrauen und Unsicherheit. Ein Junge, der in einer solchen Umgebung aufwächst, wird wahrscheinlich später Probleme haben, Beziehungen einzugehen, weil die Wahrscheinlichkeit groß ist, dass er Angst vor Nähe und folglich Intimität hat. Mit diesem »erworbenem Mangel« wird es ihm am leichtesten fallen, die elterliche Beziehung zu re-inszenieren und wiederkehrende Bindungsprobleme herbeizuzaubern. Das, was wir mit unserer Mutter in frühester Kindheit erleben, stanzt sich in unser Herz und unsere Seele ein, wie Kuchenförmchen im Sandkasten.

Wir Menschen sind so geprägt, dass wir das, was wir als Kind nicht erleben konnten und als Defizit erkannt haben, ein Leben lang suchen werden.

Entweder suchen wir es in späteren Partnerschaften, Freundschaften oder im Berufsleben. In der Partnerschaft wird es der Partnerin abverlangt, in Freundschaften versuchen wir unseren Halt zu finden und im Berufsleben werden wir fortan Kämpfe ausfechten. Um jeden Preis wollen wir den Ring fertig schmieden, damit Frieden herrscht.

Gerade wir Männer sind dabei bereit, auch »Dreck zu fressen«, weil uns immer erzählt wurde, dass »Indianer keinen Schmerz kennen«. Und im schlimmsten oder unerlösten Falle übertragen wir unsere eigenen ungelebten Sehnsüchte sogar auf unsere Kinder, die dann ein besseres Leben haben sollen, aber dadurch vielleicht *unsere* Sehnsüchte leben müssen. Später verstehen wir nicht, dass es auch nicht deren Idee vom Leben ist, sondern wir ihnen die Last unseres Lebens mitgegeben haben.

Die Klienten und Teilnehmer, die zu mir ins Coaching kommen, haben Themen, die wir Männer alle – mehr oder weniger – kennen. Spannend dabei ist, dass wir alle immer glauben, wir selbst sind es, die nicht in Ordnung sind! Die Themen die angesprochen werden, sind immer ähnlich und binden uns Männer:

Durchsetzungsprobleme gegenüber Vorgesetzten
Alles erreicht, dennoch unzufrieden und unmotiviert
Entscheidungsunfähigkeit

Probleme mit Kollegen
Wenig (Mit-)Gefühl
Ohnmächtig und anderen ausgeliefert
Familiäre und partnerschaftliche Probleme
»Null Bock auf nichts«-Gefühl
»overstressed and underfucked«
Frage nach dem Sinn des Lebens

Bin ich ein freier Mann? Ein Test

Die nun folgende Auflistung von Fragen ist eine unvollstän-
dige Sammlung, basierend auf verschiedenen Aussagen von
Männern, mit denen ich in den letzten Jahren gearbeitet habe.
Auch sind es in Teilen Aspekte, die mich selbst mehr oder weniger betreffen oder betroffen haben. Die Liste erhebt nicht
den Anspruch, ein wissenschaftlich fundierter Test zu sein.
Die Fragen sollen Ihnen einen emotionalen Anstoß geben und
Ihnen als Benchmark Ihrer derzeitigen Situation dienen, um Ihr
Männerherz und die darin eingesperrten Sehnsüchte zu hinterfragen. Nichts ist gut oder böse, falsch oder richtig. Nein, meine Überzeugung ist nur, dass wir als Männer wissen müssen,
wo wir stehen. Erst dann können wir wirklich handeln. Und
weil wir Männer, im Gegensatz zu Frauen, so wenig über unser
Gefühlsleben sprechen, mögen diese kleinen Absätze ein Gespräch unter Gleichgesinnten erst einmal ersetzen. Vielleicht
haben Sie auch keine Scheu, den einen oder anderen Absatz mit
anderen Männern anzusprechen und zu hören, was sie dazu
sagen?

Haben Sie regelmäßig Sex?

Regelmäßiger Sex ist neben einer erfüllten Sexualität ein wichtiges Ventil in unserem Leben. Doch bitte nicht falsch verstehen, es geht jetzt nicht nur darum, einfach abzuspritzen. Sexualität ist unser stärkster Trieb, der sogar evolutionär soweit in uns manifestiert ist, dass wir noch Kinder zeugen können und wollen, wenn wir in größter Not sind und ums Überleben kämpfen. In jeder Therapie ist das Thema Sexualität somit ein wesentlicher Pfeiler der psychischen Heilung.

Weitab von irgendwelchen moralischen Aspekten macht es natürlich Sinn, Sexualität längere Zeit mit einem einzigen Partner zu erleben, weil ich dort das Meiste über das andere Geschlecht und über mich selbst erfahren kann. Denn wenn ich in einem vertrauensvollen Miteinander lebe, das sich in der Regel durch eine langfristige Beziehung ergibt, kann ich neugierig auf die Wünsche meiner Partnerin eingehen und auf meine eigenen Neigungen aufmerksam werden. Das ist ein Zugewinn. Präferiere ich One-Night-Stands, wird mir diese Gelegenheit gar nicht gegeben, weil es mich vielleicht auch gar nicht interessiert und ich nur an dem Erfolg der Verführung und dem folgenden Moment des Höhepunkts interessiert bin. Damit fällt es dem Mann unbewusst leicht, der ersten Frau, seiner Mutter, immer wieder auf ein Neues treu zu sein.

Ist Ihr PSA-Wert spitze?

Glückwunsch. Wenn Sie nicht wissen, was ein PSA-Wert ist, haben Sie wahrscheinlich auch gar keine Probleme damit. Wenn unsere Prostata in Ordnung ist, zeigt das, dass wir als Mann unsere Männlichkeit in Bezug auf unsere Partnerin zu leben glauben. Denn die Prostata ist das einzige Gewebe im Mann, das dem der weiblichen Brust gleicht. Gibt es immer wieder Prostataprobleme, ist unser Verhältnis zur Mutter und in Folge zu unserer Partnerin nicht wirklich geklärt, weil wir unseren ureigenen männlichen Standpunkt noch nicht gefunden haben.

Haben Sie seit Jahren keine Beziehung?

Wahrscheinlich haben Sie Ihren Schwerpunkt auf andere Bereiche gelegt, zum Beispiel den Beruf. Die Wahrheit ist: Das ist eine faule Ausrede. Zweifelsohne gehört Arbeit zu einem erfüllten, glücklichen Leben, aber sie sollte uns nicht aufzehren. Wenn ich mich in die Arbeit flüchten muss, vermeide ich nicht nur Nähe, sondern entferne mich mit jeder Stunde, die ich über den normalen Arbeitstag hinaus im Beruf verbringe, weiter von der Chance, jemanden für mich zu gewinnen. Folglich wird der Glaube an eine für mich gute Beziehung immer schwächer. Der hohe Preis ist zunehmende Vereinsamung, die ich gerade in extrem leistungsorientierten Branchen wie der IT-Branche sowie Personal- und Unternehmensberatungen mit am deutlichsten erlebe.

Dauern Ihre Beziehungen nie länger als zwei bis drei Jahre?

Viele von uns sind auf der Suche nach dem weiblichen Gegenstück. Wir glauben alles zu tun, bleiben uns aber dennoch eine dauerhafte Partnerschaft schuldig. Wir sind unterwegs von Dorf zu Dorf und retten dort immer wieder die, die uns am bedürftigsten erscheint. Wir nehmen sie als Ritter auf unserem Pferde ein Stück des Weges mit, müssen sie aber wieder verlassen, wenn wir glauben, alles getan zu haben. Tief im Unbewussten versteckt sich die Angst vor Nähe, vor Hingabe. Die Befürchtung, wieder verletzt zu werden, ist größer als der Mut zu Nähe und Frieden. Denn die Einsamkeit der eigenen Kindheit hat uns gezeigt, dass wir uns in Sicherheit wiegen können, wenn wir uns nur selbst nahe sind. Das verschließt uns noch heute das Tor zu einer erwachsenen, erfüllten Partnerschaft.

Räumt »sie« auf, wenn Ihre dreckigen Socken herumliegen?

Ordnung ist ein Ritual, um dem Miteinander zu dienen. Wenn ich ein Bewusstsein für ein Miteinander entwickle, liegt es nahe, Socken, Unterhosen & Co. dorthin zu verräumen, wo sie als Schmutzwäsche hingehören. Klingt kleinkariert und nach Spießertum, erleichtert aber das zwischenmenschliche Leben. Wenn ich jedoch als Mann noch immer das Gefühl habe, Mutti wird's schon richten, lasse ich meine Socken auf einem stetig wachsenden Haufen liegen. Denn »Mutti« schimpft zwar, aber bringt es ja doch in Ordnung. Wenn Sie auch zu den Männern gehören, die von der Partnerin früh morgens das Outfit für den Tag gerichtet bekommen, weil sie sonst mit einem roten und einem blauen Socken losgehen würden, obwohl Sie nicht farbenblind sind, wird es Zeit, etwas zu ändern.

Haben Sie einen wirklich guten Freund?

»Ein Freund, ein guter Freund, das ist das Beste, was es gibt auf der Welt!« – und er ist wichtiger als wir glauben. Einsame Männer, die schon früher alles ohne den Vater ausmachen mussten, weil er fehlte oder unbekannt ist, leiden oft darunter, sich anderen Männern nicht anvertrauen zu können. Ein guter männlicher Freund oder Mentor ist essenziell wichtig für den Umgang mit uns selbst. Und es sollte nicht nur um Stammtischgespräche mit den üblichen Allgemeinplätzen gehen, sondern um einen Freund, dem ich mich auch mit Gesprächen über für mich Intimes anvertrauen kann. Probleme mit der Partnerin, sexuelle Probleme oder sonstige intime Wünsche. Ein Klient hatte nach der Trennung und dem Verlust des Sorgerechts für seinen kleinen Sohn einen Untermieter zu sich genommen. Der Gast war Italiener, schon etwas älter und suchte in München nur eine Interimsunterkunft. Es war für beide, für meinen Klienten und für den alten Mann aus Padua, eine segensreiche und fruchtbare Männerbeziehung, die auch noch heute hält.

Wie sprach der Vater Ihrer Kindheit über Ihre Mutter der Kindheit?

Ihr Männerbild wird infrastrukturbedingt durch die weibliche Welt geprägt. Ihre Mutter oder eine weibliche Person hat Sie in der Regel erzogen, im Kindergarten geformt und auf die Schule vorbereitet. Oftmals halten sich Männer alter Rollenprägung zurück und überlassen die Erziehung anderen. Lediglich die strenge, oft gewalttätige Ertüchtigung obliegt dem Vater. Das hat sich heute teilweise verändert, doch bei Ihren Eltern können wir davon ausgehen, dass es tendenziell so war. Und wenn Ihr Vater in der Erziehung weniger aktiv war, hat er auch manches Mal nicht gut von der Mutter gesprochen. Das hatte Folgen für Sie als jungen Mann. Denn Sie wurden dazu genötigt, sich auf die Seite der Mutter zu stellen. Dieser Pakt beeinflusst Ihr ganzes Leben!

Wohnen Sie in der Nähe Ihrer Mutter?

Wenn Sie glauben, Sie müssen immer in der Nähe der Mutter bleiben oder sogar ihre Frau überzeugen, dass »Königin Mutter« im Hause ein Zimmer oder eine Wohnung bekommt, weil sie doch zu unterstützen ist, dann sind Sie durch die gepflegte Nähe weit entfernt von einer freien Mutterbeziehung und wenig offen für eine gleichberechtigte Partnerschaft. Fragen Sie doch einmal Ihre Frau, was Sie davon hält! Oder kennen Sie die Antwort schon? Dann sollten Sie etwas tun.

Sind Sie spät von zu Hause ausgezogen?

Menschen, die eine Coaching-Gruppe aufsuchen, haben oftmals einen großen Wunsch: Das Verlangen nach Geborgenheit, Nähe und Anerkennung. Die Gruppe gibt ihnen diese Aspekte, denn sie verkörpert in unserer sozialsystemischen Arbeit tatsächlich die Qualitäten mütterlicher Aspekte. Wenn wir glauben, diese Gefühle anderswo nicht zu erhalten und meinen, bei einer Partnerin diese Aspekte nicht leben zu können, fällt es natürlich leicht, so lange als möglich zu Hause zu wohnen. Warum sollten wir es uns schwer machen? Hotel Mama ist doch die beste Pension, die wir haben können!
Immer wieder habe ich erlebt, dass Männer, wenn sie Streit mit ihrer Partnerin haben, den Weg zur Mutter suchen, die Freundin, Wirtin und Coach in einem zu sein scheint. Aber Achtung! Die Mutter ist nie unparteiisch.

Wie oft haben Sie Kontakt zu Ihrer Mutter?

Wollen oder müssen Sie sie besuchen? Ist es Ihnen eine Freude, zu ihr zu gehen, oder bereitet es Ihnen Probleme, verlässt Sie die Energie? Werden Sie plötzlich müde, wenn Sie Ihrer Mutter begegnen? Dann raubt Ihnen Ihre Mutter heute mehr Energie, als sie Ihnen damals gab.

Mütter geben. Kinder nehmen. Das gilt in der Kindheit. Im Erwachsenenalter müssen beide nicht mehr geben, sondern sich gleichwertig begegnen können. Was nicht heißt, dass Ihre Mutter überall mit Ihnen unterwegs sein muss. Wird unsere Mutter gebrechlich und benötigt Hilfe, dann sind wir natürlich aufgefordert, sie zu unterstützen. Doch wir helfen wie ein Kind, nicht wie ein Partner. So sind wir auch nicht zur Erfüllung mütterlicher Sehnsüchte verpflichtet. Erkennen Sie den Unterschied?

Kommt Ihre Mutter zum Putzen Ihrer Wohnung?

Was glauben Sie von Ihrer Mutter, wenn Sie zu Ihnen in die Wohnung oder ins Haus kommt und putzt? Ist sie eine Putzfrau? Ist sie Ihre Partnerin? Was wird Ihre Mutter wohl in Ihrer Wohnung machen, wenn sie putzt? Wo mag die Grenze sein? Aus meiner Sicht ist die Grenze schon an der Haustüre überschritten. Viele Ehepaare, insbesondere die Partnerin, leiden darunter, dass die Mutter des Mannes für das eigene Heim einen Schlüssel hat und kommt und geht, wann sie will. Wenn das der Mann als »passend« empfindet, ist etwas schief gelaufen. In einem konkreten Fall aus meiner Praxis klagte die Ehefrau, dass die Schwiegermutter einmal sogar sonntags grundlos in ihrem Schlafzimmer aufgetaucht sei. Der Mann argumentierte damit, dass man in der Landwirtschaft eben zusammenhalten müsse, und zeigte sich der eigenen Partnerin gegenüber sehr verletzend.

Fühlen Sie sich erleichtert, wenn Ihre Mutter wieder weg oder im Urlaub ist?

Dann sind Ihre Verbindungen zu Ihrer Mutter zu eng. Ein Klient hat mir davon berichtet, dass er bei seiner Mutter immer auf dem Sofa eingeschlafen ist, wenn er sie regelmäßig sonntags besuchen ging. Bevor er dort ankam war er aktiv, genauso, als er wieder ging – aber nicht nur weil er dann ausgeschlafen war. Der Mutter schien seine Trägheit nichts auszumachen, denn sie war einfach froh, nicht allein sein zu müssen und ihren Sohn bei sich zu haben. Das Einschlafen ist ein eindeutiges Zeichen dafür, dass sich der Sohnemann gegen etwas zu Wehr setzen muss, was er aber offensichtlich schon längst nicht mehr im Griff hat. Im wahrsten Sinne des Wortes sind die Verstrickungen zur Mutter so erschöpfend, weil belastend, dass er nichts anderes machen kann, als sich zur Ruhe zu begeben.

Streiten Sie mit Ihrer Partnerin, wenn Sie bei Ihrer Mutter waren?

Das wäre ein sicheres Zeichen dafür, dass Sie Ihrer Mutter zu nahe und der Partnerin in diesem Moment zu fern sind. In Ihnen dürfte eine große Verzweiflung herrschen, die sich auch in anderen zwischenmenschlichen Bereichen ausdrückt. Sie können sich den weiblichen Gegenübern nur schwer widersetzen oder Entscheidungen fällen, weil Sie es sowohl der einen als auch der anderen Person recht machen möchten.

Was tun Sie, wenn Ihre Mutter Ihre Partnerin in Ihrer Anwesenheit kritisiert?

Zu wem werden Sie wohl stehen? Möchten Sie Frieden aller Orten und um jeden Preis? Dann werden Sie versuchen, Harmonie zwischen der Meinung der Mutter und den Erwartungen der Partnerin zu stiften. Als erwachsener Mann, der seine Position gerne einnimmt, weil er sich bewusst dafür entschieden hat, stehen Sie zu Ihrer Frau, also Ihrer Gegenwartsfamilie. Natürlich heißt das nicht, dass Sie die Meinung Ihrer Frau willenlos hinnehmen sollen. Wenn Sie aber gar die Meinung Ihrer Mutter benötigen, um etwas bei Ihrer Frau durchzusetzen, dann haben sich die Positionen verrückt. Denn dann wird Ihre Partnerin systemisch plötzlich auf die Position einer Schwester verschoben – mit der Schwester geht »Mann« eigentlich nicht am Abend ins Bett.

Durften oder sollten Sie bei Ihrer Mutter schlafen, als Sie schon älter als sechs Jahre waren?

Im ersten Jahrsiebt, nach der Einteilung von Rudolf Steiner, ist es für den kleinen Jungen besonders wichtig, die Nähe und die rückhaltlose Liebe der Mutter (und des Vaters) zu spüren. Dazu gehören auch enge Kuschelphasen, nicht nur, wenn der Junge mal krank ist. Bei und mit der Mutter einzuschlafen, wenn zum Beispiel der Vater nicht da ist, kann gesund für den Jungen sein, wenn er die Positionen nicht verwechselt und der Mutter ein besserer Mann sein möchte. Doch weiß er das? Das ist die eigene bewusste Verantwortung der Eltern. Schläft der kleine Mann regelmäßig und weit über das siebte Lebensjahr hinaus bei der Mutter, gar im Ehebett, weil der Vater so fern ist, dann grenzt das an psychischen Missbrauch. Auch mit dem rationalen Argument, dass es eben nur für die Zwei-Zimmer-Wohnung gereicht hat und der Sohn eben im gemeinsamen Schlafzimmer sein Kinderzimmer hat, wird er empfindlich in seiner vorpubertären Entwicklung gestört. Was wird sein, wenn er sich kennenlernen, fühlen und selbst befriedigen möchte? Eine Unmöglichkeit im Bett neben der Mutter. Scham und Schuldgefühle, möglicherweise auch noch zusätzlich religiös begründet, haben hier einen kräftigen Nährboden späterer männlicher Desorientierung aufgrund der frühen Grenzüberschreitung.

Sind Sie Ihrer Mutter dankbar?

Wenn Sie Ihrer Mutter dankbar sind, dann zeigen Sie eine erwachsene Haltung Ihrer Mutter gegenüber. Klingt nach all dem bisher gelesenen seltsam? Ist aber so! Ihre Mutter hat Ihnen etwas geschenkt, dass Sie ihr nicht zurückgeben können: das Leben. Dafür dürfen Sie dankbar sein. Aus der Sicht eines erwachsenen Mannes hat diese Haltung etwas mit Demut vor dem Leben als solchen und insbesondere vor dem eigenen Leben zu tun. Der eigenen Mutter dankbar zu sein zeugt von Respekt und Anerkennung. Diese beiden Tugenden können Sie jemandem nur entgegenbringen, wenn Sie selbst aus der Kindrolle entwachsen sind.

Umgekehrt wird es zur Belastung. Wenn Sie glauben, Ihrer Mutter gar nichts schuldig zu sein, betrachten Sie diese Beziehung eher aus der kindlichen Perspektive. Sie überlassen es womöglich immer noch Ihrer Mutter, Ihr Leben zu gestalten.

Eine Entbindung von der Mutter, auf die wir in den Folgekapiteln eingehen werden, entbindet uns Männer nicht von der Dankbarkeit gegenüber unserer Mutter. Ganz im Gegenteil, sie ist ein Teil der Liebe, die zur Mutter fließen darf.

Unter Männern fühlen Sie sich wohl?

Männer pinkeln gerne alleine. Ist Ihnen schon einmal aufgefallen, wie viele Männer Probleme haben, sich am Pissoir neben einen anderen Mann zu stellen? Die Suche nach der Einsamkeit beim Pinkeln ist ein Relikt aus der männlichen Pubertät, Scham darüber, seine Männlichkeit zu zeigen. Männer, die sich unter Männern wohlfühlen, müssen natürlich nicht andauernd ihr Gemächt zur Schau tragen, doch das Wohlgefühl ist ein wichtiges Indiz dafür, dass Sie dem Männlichen standhalten können und möchten.

Was heißt das? Männer, die der Mutter sehr nahe sind, scheuen oft die Nähe zu »echten« Männern. Ein erwachsener Mann fühlt sich unter Männern wohl (ein Pol) und zeigt sich auch unter Frauen charmant (anderer Pol). Unsere Rollen unterscheiden sich dann deutlich und bewusst. Wünschen Sie sich als Mann nur die Nähe zu Frauen, verstehen ihre Belange besonders gut, brillieren sogar damit, sind Sie ein »Frauenversteher«. Sie bleiben den anderen, den männlichen Pol schuldig. Das macht Sie womöglich erst einmal ganz attraktiv für Frauen, aber meist nicht lange. Es stärkt ihr Selbstbewusstsein, weil Sie scheinbar alles im Griff haben, ist aber einer gleichwertigen Partnerschaft nicht wirklich dienlich. Denn der männliche Anteil, der bald in Ihnen eingefordert wird, strengt Sie an, weil Sie ihn nicht wirklich zu leben lernten. Dass Sie der Frau dann kein »richtiger« Mann sein können, löst die Beziehung oder lässt die Partnerin zur Mutter werden.

Haben Sie Ihren Beruf selbst gewählt und lieben Sie ihn?

Liebe, Spaß und Idealismus sind im Arbeitsleben genau so erfrischend wie in anderen Lebensbereichen. Arbeit ist sichtbar gemachte Liebe. Wenn Sie Ihr Leben lieben, gelingt Ihnen nahezu alles. Dann ist auch in Folge das Geldverdienen eine Selbstverständlichkeit.

Dazu sollten Sie Ihren Beruf auch selbst gewählt haben und nicht den Wunsch der Mutter übernommen haben. Denn wenn Sie nur Arzt geworden sind, weil Mutters Jugendliebe ein erfolgreicher Chirurg war, leben Sie die unerfüllten Wünsche Ihrer Mutter und leben nicht Ihr eigenes Leben.

Sind Sie ein Chef, der weiß, dass er auch »Vater« ist?

Bei einer Werksführung im Hause Porsche sprachen ältere Mitarbeiter davon, dass Sie *beim* Porsche arbeiten und nicht *bei* Porsche. Sie fühlten Ihre persönliche Zugehörigkeit zu Prof. Dr. Ferdinand Porsche – längst verstorben, aber als »Vater« noch präsent.

Wenn Sie Chef oder Führungskraft sind, haben Sie eine ähnliche Verbindung zu Ihren Mitarbeitern. Wir Menschen suchen alle Anlehnung, Halt und »Leitplanken«. Als Chef bieten Sie diese, wenn Sie sich männlich genug fühlen und von der Mutter entbunden sind. Dann können Sie frei loben, freuen sich über Erfolge anderer und müssen nicht den Einzelnen vor allen zurechtweisen. Anerkennung kann man nicht kaufen oder durchsetzen, man verdient sie. Stehen Sie zu sich selbst und erkennen Sie Ihren eigenen Wert an. Haben Sie auch Freude an der »Größe« anderer!

Wenn Sie selbst vor dem Chef kuschen oder immer wieder Probleme mit Obrigkeiten haben, wenn Sie sich mit anderen ständig anlegen müssen, hat auch Ihnen der Vater als vertrauensvolle Leitfigur gefehlt.

Haben Sie sich Ihre Frau ausgesucht?

Vieles im Leben findet sich. Und in der Regel strengt die Suche nach etwas mehr an, als wenn es einfach gefunden wird. Doch die bewusste Entscheidung für eine, *meine* Frau ist ein erwachsener Vorgang eines erwachsenen Mannes. Nicht wenige Männer werden von Frauen auserwählt oder gar von der Mutter verkuppelt. Weil wir oft unbeholfen sind, auch wenn wir es nicht wahrhaben wollen. Entscheidung und Verantwortung sind männliche Attribute, die auch in der Partnerwahl ihre Wirkung zeigen.

Richtig ist, dass die Frau in einer Familie immer das Hauptgewicht hat. Das liegt an der evolutionären Idee der Fortpflanzung: Nur sie kann ein Kind gebären. Damit ist sie systemisch gesehen mächtiger als der Mann. Deshalb übernimmt eine Frau in einer gleichberechtigten Beziehung auch in der Familie eher die Führung. Das kann man auch daran sehen, dass der Frau in Sachen Kinder immer mehr Kompetenz zugesprochen wird als dem Mann. Deshalb scheint es auch so verführerisch für uns Männer, dass der zukünftige Gatte sich von der Frau zur Beziehung einladen oder gar »überreden« lässt. Doch dann handelt er eher wie ein Kind und nicht als Mann. Mann und Frau sollten sich auf gleicher Ebene begegnen. In der Öffentlichkeit möchte der Mann als derjenige erscheinen, der der »Bestimmer« ist. Das ist das Bedürfnis nach Ausgleich.

Die Frau folgt dem Mann und der Mann dient dem Weiblichen. Wenn also die Frau mit den Kindern dem Mann beispielsweise ins Ausland folgt, damit er seinen geschäftlichen Belangen nachkommen kann, dann hat er zum Ausgleich auch für das Wohl der Familie Sorge zu tragen. Das ist der Ausgleich von Geben und Nehmen. Das ist eine Regel der Ordnung, die eine gute Wirkung auf beide Partner und auf die Kinder hat. Dennoch ist es gut und wichtig, dass sich auch immer mehr Frauen in der Öffentlichkeit stark zeigen, wenn sich der Mann um die Familie kümmert. Dies sollte aber vereinbart werden, damit kein Ungleichgewicht entsteht.

Sind Sie sich Ihrer Gefühle nie so wirklich sicher, Entscheidungen im Beruf können Sie aber treffen?

Müssen Sie auch immer noch 148 000 Mails checken und der Beruf scheint Sie über alle Maße zu fordern? Ständig Sorge um die Existenz? Doch Ihre Leistung wird von allen anderen unterschätzt? Keiner weiß, was Sie wirklich leisten, am wenigsten Ihre Frau? Dann sind Sie in Ihrer kognitiven Welt zu Hause und dem Gefühl fern. Sie versuchen, alles mit dem Kopf zu lösen und bleiben damit Ihrer Intuition, Ihrem Bauchgefühl fern. Möglicherweise haben Sie einen so großen Respekt vor den Gefühlen, die Sie ehemals und unbewusst so schmerzten, dass Sie es vorziehen, analytisch an die Sache heranzugehen, um genau darüber Kontrolle zu behalten. Beginnen Sie, auf Ihr Herz zu hören, und gehen Sie die nächsten Schritte. Sie dürfen fühlen lernen, dass das Leben eine Geschichte mit offenem Ausgang ist. Nicht alles ist perfekt und nicht alles muss an einem Tag erledigt werden. Finden Sie Ihren Wert in sich und nicht im Außen. Es ist nicht so, wie es scheint. Auch wenn Sie es (noch) nicht glauben können, Sie werden für Ihr So-Sein geliebt und nicht für Ihre Erfolge.

Falls Sie nun festgestellt haben, dass Sie in einigen dieser Felder Probleme haben, ist eine Loslösung von der Mutter Ihr wichtigster Schritt in die richtige Richtung.

Kapitel II
Was, wenn Männer noch immer suchen?

Merkmale und Folgen männlicher Unfreiheit

Die Folgen männlicher Unfreiheit

In der heutigen modernen Erziehung sind sich Fachleute einig, dass gerade Jungen feinfühlige und empathische Mütter und Väter brauchen, die sich auf die kleine Welt ihrer Nachfahren einlassen und sie verstehen lernen. Bleiben die Eltern jedoch in der realen, strukturierten Erwachsenenwelt verhaftet, »Alles muss sauber und in Ordnung sein«, »Du musst keine Angst haben, in unserer Wohnung gibt es keine bösen Tiere«, fällt es dem kleinen Jungen schwer, seine mentalen Bedürfnisse in die eigene kindliche Realität zu integrieren. Denn er erhält keine Unterstützung im Zugang zu sich selbst und seinem inneren Leben. So verinnerlicht er eher die vorgegebenen Gefühle und Welten der Mutter. Lassen sich Eltern, insbesondere Mütter, nicht auf die Erlebniswelt des Kindes ein, nehmen sie ihm die Basis für ein starkes Selbstgefühl. Kleine Jungen mit einem falschen Selbstwertgefühl »verlernen« das Spüren, weil sie nicht wissen können, wie sie sich fühlen und wie sich die Welt anfühlt. Der Junge empfindet also eher so, wie es die Mutter von ihm erwartet. Auf Außenstehende machen diese Kinder oft einen klugen, angepassten und viel zu erwachsenen Eindruck. Wachsen wir in einer solchen Umgebung auf, geraten wir als Erwachsene oftmals in schwere Krisen. Wir haben nicht gelernt, was wir selbst wirklich wollen, weil wir angepasst und fremdgesteuert gelebt haben. Eine innere Leere macht sich breit, die oftmals mit einem Psychotherapeuten oder einem Coach in kleinen Schritten gefüllt werden muss, um die eigenen Gefühle und Wünsche im Leben zu erkennen und danach zu handeln.

Wenn die Mutter in ihrem Sohn ihr Ein und Alles sieht, wird sie ihn beobachten und verwöhnen. Das ist süßes Gift für den Kleinen. Denn als Programmmutter, also eine Mutter, die nach einem klaren Programm, das in der Regel ihrem eigenen Ideal vom Leben entspricht, vorgeht, wird sie negative Gefühlsausdrücke ihres kleinen Jungen nicht ertragen. Weil diese Emotionen, wie Wut, Scham oder Traurigkeit, sie selbst an unbewusste und unbewältigte Erberfahrungen erinnern, wird der Sohn seinen eigenen ausgedrückten Gefühlen ebenfalls nicht trauen, weil sie weggeredet werden. Vielleicht ist es die eigene Kindheit unserer Mutter, die sie so ängstlich oder so wütend macht? Und weil sie selbst nicht aufgefangen wurde, fängt sie ihren Jungen über alle Maßen auf.

Auch der Hass auf die eigene Mutter oder den Vater, der dann entweder auf den Partner oder – wenn nicht auf den Partner möglich – auf das Kind projiziert wird, verwirrt uns als kleine Jungen. Vermeidet unsere Mutter Konflikte, drückt sie nicht aus, was sie beeindruckt, kann dies bereits bei kleinen Kindern zu frühkindlichen Regulationsstörungen wie Schlaflosigkeit, Fütterungs- und Schreistörungen führen. Die Überbehütung kann sich bei den heranwachsenden Jungen in Bauchschmerzen, Spannungskopfschmerzen, Nägelkauen, Sich-kratzen-Müssen oder zwanghaftem Essverhalten manifestieren. Dem jungen Mann bleibt dann die Möglichkeit der Erfahrung von Autoregulation und Selbstwirksamkeit verborgen. Die Entwicklung ganz eigener psychologischer und psychischer Strukturen gelingt uns nicht wirklich.

Und der Vater? Ist die Mutter durch ihr soziales Umfeld und eigene unverarbeitete Erfahrungen überlastet, kommt dem Vater eine Schlüsselrolle zu. Als Mann muss er nun eingreifen und den Kreislauf der Konfliktvermeidung unterbrechen. Der männliche verantwortungsvolle Pol setzt die Grenzen, wenn der weibliche Pol, die Mutter, zu nachgiebig ist. Das ist eine Wohltat für das Kind! Die in der Beziehung der Eltern gelebten Pole des weiblichen, weichen und des männlichen, verantwortungsvollen, geben die Leitplanken der Erziehung vor und sind die Basis späterer Werte. Doch wenn auch der Vater ein schlechtes Verhältnis zu seinem eigenen Vater hat, nicht weiß was Männlichkeit und Mann-sein bedeutet, oder überhaupt abwesend ist, geraten die kleinen Männer ins Wanken, weil der andere Pol und damit die Orientierung fehlt.

In beiden Fällen gelingt es uns später nicht, eine tragfähige Beziehung zu leben. Über uns und unsere Beziehungen zu sprechen und einen emotionalen Austausch herbeizuführen fällt uns deshalb schwer. Im Alltag fällt es kaum auf, denn wir Männer gelten da häufig als besonders sachlich und rational und kommen im Job gut klar. Immer wieder gefordert, wenig gelebt: Teambildung im Unternehmen. Doch was sollen wir leben, was wir nicht zu leben gelernt haben? Was passiert? Beziehungsthemen wie »Den Arsch kann ich nicht leiden«, werden auf beruflicher Ebene zu »Herr Müller, Sie machen das nicht richtig!« Dieses vermeintlich emotionslose Bewältigungsmuster, das sich im Arbeitsleben bewährt, wird dann auch auf das Privatleben übertragen und die eigene Familie eher als Mitarbeiter gesehen und nicht als mitfühlende, gemeinschaftliche Wesen. Gefühlslegasthenie macht sich breit. Im Laufe der Zeit wird unser emotionaler Aktionsradius immer kleiner und die Lebensansichten immer starrer. Wir werden uns immer mehr verteidigen und immer weniger fühlen. Wir kämpfen dann gar nicht mehr um Erfolg, sondern darum, dass das Leben überhaupt noch erfolgt.

Wann leiden wir Männer am meisten?
oder
Der direkte Weg von der Kindheit zum Burn-out

Als Kinder leiden wir, wenn Mutter und Vater in irgendeiner Form leiden. Eine systemische Annahme besagt, dass Kinder, Jungs, nur spielen, wenn es ihren Eltern gut geht. Geht es den Eltern nicht gut, spielen sie nicht. So einfach ist das geschrieben. In der Praxis ist es oftmals bedrückend.

Ich denke, als Mann, der dieses Buch gerade liest, leiden auch Sie. Männer, die leiden, haben leidvolle Erfahrungen in der Kindheit gemacht. Denn alles, was zwischen Müttern und ihren Söhnen in den ersten Lebensjahren geschieht, hat größte Auswirkung auf das spätere Leben und auf die Beziehungen zu Frauen. Nicht selten präsentieren sich die Mütter ihren kleinen Jungen leidend, schimpfend, unbefriedigt und traurig. Der junge Mann wird als prägende Erfahrung mit einer unglücklichen Frau, seiner Mutter, konfrontiert. Was soll er denn tun? Der Ehemann oder Ex-Partner wird für das Schicksal der Mutter verantwortlich gemacht, ob bewusst oder unbewusst, und in den seltensten Fällen als Vater des Jungen akzeptiert, oftmals nicht einmal als Erzeuger anerkannt und benannt, sondern tief in der Seele aufgrund großer Verletzungen von der Mutter abgelehnt.

Häufig entsteht aus dieser Idee der Ablehnung gegenüber dem Vater auch eine innere eigene Ablehnung gegenüber der eigenen Männlichkeit. Der Beginn des Lebensweges ist bereits vorprogrammiert mit Informationen, die nicht zu uns gehören und unsere Männlichkeit schon ins Wanken bringen, bevor das Gefühl dafür überhaupt begonnen hat. Durch das Verurteilen des Vaters und möglicherweise anderer Männer bringen uns Mütter unbewusst in ein Dilemma. Denn selbstverständlich tragen wir Kinder die Hälfte unseres »Lebensprogrammes« vom Vater ins uns und die andere Hälfte von der Mutter. Möchten wir zum einen Teil halten, müssen wir den anderen Teil in uns ablehnen. Das ist wider unsere Natur.

Unser Bild als Mann wird also nicht von uns selbst erworben und durch den Vater als Mann vorgelebt – vielmehr versuchen wir dem Bild, das die Mutter von den Männern hat, gerecht zu werden. Und das aus gutem Grund: Unserem genetischen Programm folgend gehören Mutter und Vater in ein Komplettpaket. Gesunde Kinder in einer gesunden Familie erhalten die Polarität von Weiblichkeit und Männlichkeit und dürfen sich darin ausdrücken. Wenn ein Kind zur Mutter geht, weil es vom Vater etwas nicht bekommt oder umgekehrt, ist das ein gutes Zeichen, denn es erkennt die Wechselwirkung zwischen den Polen. Fehlt der eine Pol, macht das dem kleinen Jungen Angst. Wir möchten den anderen Pol nicht auch noch verlieren und so beginnt die Anpassungsspirale um die Gunst desjenigen, der bei uns geblieben ist, meistens um die der Mutter.

Das heißt nicht, dass die Mutter in der Regel nicht das Beste von und für uns wünscht. Doch es liegt in der natürlichen Problematik, dass eine Mutter den Vater nicht ersetzen kann, auch wenn sie es noch so wollte. Wir leben also das »Bild« des Männlichen und nicht das Gefühl, einen Vater zu haben, der rückhaltlos für uns da ist. Ist die Beziehung von Mutter und Vater unglücklich verlaufen, ist die Wahrscheinlichkeit hoch, dass die Erziehung ebenfalls unglücklich verläuft.

Und es kommt noch dicker: Bei all der Verantwortung für das Kind, gepaart mit dem Leid über die eigene Beziehung, verwischen oftmals die Grenzen der Konstellation Mutter/Junge zu der Konstellation Mutter/Partner. Unbemerkt trösten sich Mütter dann plötzlich mit ihren Söhnen über das eigene Schicksal hinweg. Eine leidvolle Erfahrung für den Jungen, die sich in den ersten Jahren so angenehm anfühlt.

Die Verstrickungen, die uns Männer später zu Fall bringen, beginnen.

Als kleiner Junge spüren wir ganz genau, was sich Mama wünscht. Geht es ihr nicht gut, ist sie unglücklich, werden wir mitfühlen und mitleiden. Wir erwerben viel zu früh Verantwortung, die nicht zu uns gehört, und werden unbemerkt zu Ersatzpartnern, weil das die einzige Position ist, die wir in dieser Konstellation überhaupt einnehmen können. Würden wir das nicht tun, empfänden wir das als Verrat an der eigenen Mutter, die ohnehin schon betrogen worden ist. Das könnten wir ihr nicht auch noch antun! Das Leid der Mutter wird nur gelindert, wenn wir für sie da sind. Wir sind chancenlos. Und das Fatale daran ist, dass wir uns innerlich auch immer mehr gegen den Vater stellen und ihn weitgehend innerlich ablehnen. Es gelingt uns nicht, eine neutrale Position einzunehmen. Die Situation ist vertrackt, die Positionen zu »verrückt«.

»Mama, ich kann dir helfen, ich bin doch der bessere Partner!«
»Mama ich helfe dir, ich bin immer für dich da!«
»Mama, dir soll es nicht noch einmal so schlecht gehen und mir auch nicht!«

Wird der kleine Junge dann auch noch dafür gelobt, »Du bist doch mein guter Junge!«, »Du bist der Größte!«, »Du bist ja mein kluger Junge!«, dann signalisiert die Mutter dem Kleinen: »Wir gehören ganz eng zusammen, du bist auch mein Besitz!« Den Unterschied macht nur ein kleines Wort, »mein« oder »unser«:

»Mein Junge« ist Besitz.
»Unser Junge« ist frei.

Nun muss man verstehen, was durch diese angehende Verstrickung in uns jungen Männern passiert. Denn durch die Tatsache, dass wir uns als kleine Jungen schon für eine Partnerin, die eigene Mutter, entschieden haben bzw. entscheiden mussten, lässt uns spielerisch erfahren, wie wir geliebt werden, wenn wir einer weiblichen Kraft die volle Aufmerksamkeit schenken und die volle Verantwortung mittragen. Die Fähigkeit des »Frauenverstehers«, des Retters und des Helden, der von allen bewundert wird, wird zu diesem Zeitpunkt spielerisch erworben.

Wir lernen ganz schnell, dass wir dann gut sind, wenn wir vor allem brav, pflegeleicht, angepasst und ruhig sind und unserer Mutter nicht noch zusätzliche Sorgen machen. Denn wir sind ja schon groß. Für das so wichtige Kindliche, Kleine, Schwache und Bedürftige bleibt wenig Platz. Wir beeindrucken. Durch Größe.

Wir Männer verhalten uns dann bereits in den ersten Jahren nicht mehr altersadäquat, sondern mutieren zum Besserwisser. Wir glauben, viel zu wissen und mischen uns gerne und häufig ein. Da man uns dann immer stolz präsentiert und sich auf uns als »Einzigen« wirklich verlassen kann, wird diese Fehlinterpretation noch geschürt und lässt uns keinen persönlichen Handlungsspielraum mehr.

Wir sind weich wie Knete und bemerken die emotionale Verformung nicht.

Je klüger wir werden, desto deutlicher werden wir anderen erzählen, wie die Welt funktioniert. In erster Linie natürlich den Frauen und so werden wir zum »Frauenerzieher«. »Er« weiß genau, was Frauen beizubringen ist und wie sie was richtig zu machen haben. Scheinbar erst durch ihn und seinen Eindruck konnte die Frau so werden, wie sie geworden ist. Hier entsteht der Nährboden der faulen Frucht des überwältigenden Leistungsanspruches. Die Erziehungsidee gegenüber der eigenen möglichen späteren Partnerin fußt auf dem Gedanken, alles selbst im Griff haben zu müssen.

Diese Verhaltensweise basiert auf der ursprünglichen Verwirrung in der Kindheit, als die große Verantwortung noch nicht getragen werden konnte. Zu Recht hat der Junge nicht glauben können, dass das kleine Kind so kompetent ist, um der Mutter wirklich helfen zu können. Doch er hat es vergessen! Dieses große kommunikative Missverständnis ist im Erwachsenenalter immer wieder auf ein Neues zu überprüfen, denn auch erwachsene »Klugscheißer« haben immer etwas Wichtiges zu sagen und werden um ihre Rechte und Anerkennung kämpfen.

Da ihm die Mutter in den ersten Jahren psychisch zu nahe gekommen ist, muss der Junge auf Distanz gehen. Er liebt die Unabhängigkeit und will auch auf niemanden angewiesen sein. Er liebt die große Freiheit. Gleichzeitig vergisst er aber auch, dass die Freiheit nur zusammen mit anderen gelingt. Die Nähe zur Mutter, die oftmals auch mit seelischen Verletzungen einhergeht, lässt ihn im Erwachsenenalter auf Distanz gehen. Das macht einsam. Wir Männer fühlen dies dann als vermeintliche Freiheit, die sich aber irgendwie unangenehm anfühlt.

Da sich aber Nähe im täglichen Leben nicht vermeiden lässt, entwickeln wir Schutzmechanismen, hinter denen wir uns ganz selbstverständlich abschirmen können. Alles, was an Leistung und Arbeit zu tun ist, bekommt plötzlich einen überhöhten Stellenwert, die Welt muss zu jeder Zeit gerettet werden. Wir werden zum perfekten Schauspieler, der den Schein wahrt, um nicht wirklich berührt und mit mehr konfrontiert zu werden. Viele Männer spüren große Angst vor wirklicher Hingabe, von der sie tief im Inneren fürchten, dass sie einer »Selbstaufgabe« gleicht.

Um dies wiederum zu vermeiden, entwickeln wir neue Mechanismen, damit andere deutlich sehen können, dass es uns doch so gut geht.

Wir schließen den Vorhang, errichten unsere Fassade.

Doch im Inneren vereinsamen wir. Nach außen scheinen wir höchst motiviert und bestens gelaunt, doch innerlich macht sich im Laufe der Jahre eine große Traurigkeit breit. Unsere schauspielerischen Leistungen lassen mit der Zeit große Kontaktlücken entstehen, die uns durch diese selbst verursachte Distanz immer weiter weg von geliebten Menschen bringt. Oftmals wissen wir dann zwar, was in uns vorgeht, aber nicht mehr, was beim anderen vorgeht.

Damit wächst der Druck, uns mit anderen zu vergleichen und diese Eindrücke und Vorstellungen vom Leben abzugleichen. Wir müssen dann immer wieder überprüfen, wie unsere Umwelt auf uns und wir wiederum auf die Umwelt reagieren. Da wir den Kontakt zum Gegenüber verloren haben, wissen wir zum Beispiel nicht mehr, ob der andere auf uns sauer ist oder ob er sich gerade nur mit sich selbst befasst. Das Gefühl für unsere Umwelt ist uns verloren gegangen. Diesen Kontaktverlust gleichen wir wieder aus, indem wir über Informationsbeschaffung die Welt zu begreifen versuchen und dadurch noch klüger werden, aber nicht zwangsläufig liebenswürdiger und emotionaler.

In der Kindheit wollen wir um jeden Preis verhindern, dass unsere Mutter von uns enttäuscht ist und wir uns von einem schlechten Gewissen verdammen lassen. Im Erwachsenenalter ist es dann nicht mehr die reale Mutter, die uns zur Disziplin ruft, sondern wir selbst sind es mit einem eigenen inneren Ankläger, Verteidiger und Richter. Was manchem Leser an dieser Stelle fremd erscheint, ist für den Frauenversteher und Frauenretter ein elendes, für andere nicht sichtbares Erleben der permanenten Selbstkontrolle im Abgleich mit anderen und deren möglichen Erwartungen an ihn.

So steht der Mann auch ständig unter Zeitdruck und hat einen genau geführten und engen Terminkalender, auf den er nicht verzichten möchte. Entspannung und Erholung gönnt er sich nur, wenn wirklich alle Aufgaben gründlich und gewissenhaft erledigt sind. Aber nachdem genau das selten der Fall ist, gibt es keine Pause. Dann bestrafen wir uns sogar selbst in einer Selbstverleugnung, in der wir eigene Gefühle und Bedürfnisse verdrängen.

Wir fühlen uns immer wieder angehalten, die Welt zu verbessern und beginnen so auch unser Umfeld zu materialisieren. Wir kaufen prächtige Häuser, schnelle Autos, teure Kleidung, luxuriöse Uhren, weil wir bereits als Kind im Spielzeug und in materiellen Objekten unseren Trost und Halt gefunden haben. Wir konnten uns in unserer eigenen geschlossenen Welt erleben und fühlen. Was wir nicht erleben durften: Sicherheit im Außen.

Unsere Mütter, die oftmals auch alleine waren und vielleicht auch ein schlechtes Gewissen hatten, haben sich in manchen Situationen spontan und unverhofft um uns gekümmert und sind in die Ruhe unserer kleinen Spielwelt eingebrochen. Es war gut gemeint. Aber dadurch wurden wir früh überfordert und in erwachsenes Denken und Handeln hineingeschoben.

Wir mussten stark sein, zum Spielen war keine Zeit!

So konnte es in Folge dazu kommen, dass wir als kleine Jungen Stimmungen verspürt und Situationen verstanden haben, die gleichaltrigen, anderen Kindern völlig fremd waren. Die Übernahme einer Erwachsenenrolle war eine grenzenlose Überforderung für uns als junge Männer, wo wir uns doch selbst noch gar nicht gefunden hatten. So kamen wir im wahrsten Sinne des Wortes gar nicht dazu, wir selbst zu sein. Wir waren aufgerufen, ständig nach allen Seiten denken zu müssen, haben Wissen vermittelt – und dennoch wenig verstanden.

Damit sind wir nicht nur der eigenen Kindheit betrogen, sondern wir nehmen auch unseren eigenen Wesenskern zurück und versuchen, eine für uns sehr wackelige Weltsicherheit zu erlangen. Gepaart mit dem Streben, sich keine Blöße zu geben, weil wir so große Jungs sind, verlieren wir so das Gefühl für unser Selbst. Wir werden zu Idealisten, die von einer großen Sehnsucht nach einer gerechten und moralisch guten Welt motiviert sind. Bereitwillig stehen wir wie damals an der Spitze eines Teams, haben hohe Motivationsqualitäten, wie wir es schon bei Mutter tun mussten, und beflügeln auch Mitstreiter zu Höchstleistungen. Wir schaffen es, das Gefühl der Sicherheit und Verlässlichkeit zu transportieren, das uns selbst jedoch abhandengekommen ist.

Der große Vorteil ist, dass wir uns so viele Gedanken über andere und deren Emotionen gemacht haben, dass wir mit zunehmendem Alter die Bedürfnisse anderer immer besser einzuschätzen wissen. Mit unserer Motivationsfähigkeit planen wir immer den nächsten großen Wurf und lieben es, andere zu überraschen. Als erwachsene Männer gehen wir dann Ziele schnell und geradlinig an, weil wir Überraschungsmomente selbst lieben und andere gerne von uns überzeugen. Denn genau das verschafft uns das Überlegenheitsgefühl, das uns scheinbar

wertvoll macht und unsere eigene gefühlte innere Wertlosigkeit überdeckt. Tief in uns selbst haben wir diesen Wert seit unserer Kindheit nie gefunden.
Wir setzen an uns und unsere Welt damit sehr hohe Maßstäbe und überfordern uns. Unser Perfektionsanspruch, der oft als eine Begabung fehlinterpretiert wird, erschöpft uns und lässt uns ausbrennen: *Burn-out.*

Emotionaler Missbrauch.

Das wird Sven nie vergessen! Er sitzt mit seiner Mutter beim Zahnarzt. Als er die Feuerwehr hört, fragt er, was diese wohl mache und wohin sie wohl gerade fahre. Darauf die Mutter: »Die Feuerwehr holt die Kinder ab, die beim Zahnarzt schreien, und sperrt sie in einen dunklen Keller, bis sie wieder brav sind!« Noch 55 Jahre später hat Sven unbewusst Angst, in einen dunklen Keller zu gehen und alleine bleiben zu müssen. Das zeigte eine Visualisierung in unserem Coaching.

Nur schwer können wir Kinder in den ersten Lebensjahren glauben, dass die Mutter nicht die Wahrheit sagt. Die Mutter, die immer so liebevoll Feste organisiert und bei allen beliebt ist, hat eine niederträchtige Seite? Das ist uns fremd – oftmals ganz naiv bis ins Erwachsenenalter. Denn ein fremder, feindseliger Vater ist oftmals so »akzeptiert«, wie der böse Wolf in Grimms Märchenwelt, aber die eigene Mutter, die uns auf die Welt gebracht hat? Diese uns in der Existenz bedrohende Annahme muss uns fremd bleiben, deshalb verdrängen wir sie.
Die Spannbreite des emotionalen Missbrauchs ist breit gefächert. Auch wenn der kleine Junge bei den gewalttätigen Auseinandersetzungen der Eltern zuschauen muss oder gar wenn die Mutter sagt: »Ich wünschte, du wärest nie geboren worden!«

Therapeuten sprechen auch von »Seelenmord«.

Der Entwicklungsstand des Kindes und die damit einhergehende adäquate Erziehung wird auch schon missachtet, wenn die Mutter stundenlang telefoniert und ihr Kleinkind vergisst oder wenn der 12-jährige im Bett bei der Mutter schlafen muss. Meist ist die »seelenmordende« Beziehung subtil und deshalb für alle Beteiligten nur schwer zu durchschauen. Viele Mütter werden damit unbewusst zu Tätern und sehen nicht, dass ihre Söhne eigenständige Persönlichkeiten sind. Die unreifen und abhängigen Jungs werden ...

als Waffe gegen den Vater eingesetzt.
als Partnerersatz missbraucht.
geheimer Vertrauter der Mutter.
als Erfüllungsgehilfe der Mutter missbraucht: Die Mutter lebt den eigenen Lebenssinn nicht mit, sondern in ihrem Kind.

Das Kind wird so maßlos überfordert und hat keine Chance, dem zu entkommen, ja es überhaupt zu bemerken. Als Erwachsener verdrängen wir diese Erlebnisse. Damit werden wir ziemlich taub für unsere eigenen Körpersignale.

So wird es möglich, dass sich der erwachsene Mann immer wieder in gefühlt ähnliche Abhängigkeiten manövriert, weil er sich der Situation zu spät entzieht. Auch der Männerkörper reagiert nachweislich immer wieder mit Krankheiten, weil sogar das Wachstum und die Regeneration von Nervenzellen im Gehirn beeinträchtigt werden können. Damit wird der gesamte Organismus anfälliger und zieht auch im Erwachsenenalter immer wieder Störungen mit sich: Übergewicht, Herz-, Kreislauf-, Blutdruckprobleme, Allergien, Rückenschmerzen bis hin zu Ängsten und Depressionen. Mehr dazu lesen Sie später in diesem Kapitel beim Thema *Probleme mit der Gesundheit.*

Merkmale der Unfreiheit
Phase 1: Kindliche Verhaltensweisen

So gehen wir mit uns und unserer Umwelt um, wenn wir im Kindlichen verweilen und noch keine Abnabelung von der Emotionalität der Mutter erlangt haben:

Kritikunfähig
Kritik oder Enttäuschung, auch von Seiten der Partnerin, wird schwer ertragen.

»Futterneid«
Es ist nie genug. Egal ob beim Essen oder in anderen Bereichen. Männer, die befürchten, immer zu kurz zu kommen, nicht genügend genährt zu sein.

Abhängigkeit
Für den unentbundenen Mann ist Körperkontakt unverzichtbar. Wird er zurückgewiesen, ist er gekränkt.

Trotz
Was früher als Kind der Trotz war, ist heute als Erwachsener die Rechthaberei.

Everybody's Darling
Mit einem Lächeln durch die Scheiße:
Männer, die vermeiden, unangenehm zu sein.

Falsche Offenheit
»Geheimnisse« und alle Neuigkeiten werden ungefiltert an »Mutti« weitergegeben.
Er fürchtet um seine Unschuld, wenn er nicht alles seiner Frau mitteilt.

Schuld und schlechtes Gewissen
Bei den kleinsten Anlässen kommt ein schlechtes Gewissen auf.

Lügen
Um sich zu schützen, muss er lügen, wie ehemals bei der Mutter.

Harmoniesucht
Wenn die Partnerin weint, wird er alles tun, um sie zum Lachen zu bringen. Er fühlt sich für ihr Glück verantwortlich.

»Die-anderen-sind-die-Erwachsenen«-Gefühl
Der Mann fühlt sich als verängstigtes Kind in einer Erwachsenenwelt. Mit dem Umfeld wird emotional nicht angemessen und erwachsen umgegangen oder darauf eingewirkt.

Merkmale der Unfreiheit
Phase 2: Falsch verstandene
Pseudo-Männlichkeit

Damit belasten wir uns, wenn wir unbewusst erkannt haben, dass wir in einer emotionalen Abhängigkeit festgefahren sind und deshalb zwar zweifelhafte Versuche unternehmen, unser eigenes Bild vom erwachsenen Mann zusammenzuschustern, aber keine befriedigende Lösung finden. Wenn wir uns also ständig bewusst oder unbewusst inszenieren, glauben wir insgeheim, uns nicht mit den für uns wesentlichen Dingen beschäftigen zu müssen. Wir verhindern damit aktiv unsere eigene Weiterentwicklung. Und damit unsere eigene Freiheit und Leichtigkeit.

Affektarmut
Fühlen fällt vielen Männern sehr schwer.

Scham darüber, von irgendwem irgendetwas zu brauchen
»Bitte«, »Danke« und »Hilfe« sagen fällt uns schwer.

Falsch verstandene Überlegenheit
Beziehungsthemen werden auf Sachebene ausgetragen.
»Ich mag Dich nicht!« = »Dass Sie als Kollege schlecht sind, kann ich Ihnen zeigen!«

Beziehungen mit anderen »Nichtfühlern« werden aufgebaut und gepflegt
Der Raum um uns wird nicht näher angetastet. Wir werden nicht berührt.

Rückzug statt Fragen
Emotional nicht begreifbare Situationen werden vermieden.

Alles logisch
Beziehungen werden eher vom Verstand als vom Gefühl hergestellt.

Unbekanntes Objekt
Der eigene Männerkörper ist ein Fremdkörper, der wenig wertgeschätzt wird.

Angst essen Seele auf
Angst vor dem Alleinsein und nicht gebraucht werden verunsichert verletzte Männerseelen.

Ich fühle was, was ich nicht habe
Übersteigerte Angst vor Tod und Krankheit überdeckt die wahren Gefühle zu uns selbst.

Impulsverlust
Furcht vor den eigenen Impulsen, besonders Wut und Aggression.

Verzwicktes Miteinander
Zunehmende Angst vor Gruppen und Menschenmengen.

Sehnsuchtsangst
Verzweiflung zwischen echter Nähe und Distanz.

Leerstand
Der Wunsch, die Leere zu füllen, scheint – trotz materiellen Wohlstands – unmöglich zu erfüllen.

Kontrollinstanz
Kontrolle gewinnt als Leitidee an Kraft und führt zur Starre.

Keine Luft zum Atmen
Atem ist Leben. Flaches Atmen und »eingefrorener« Brustraum verhindert umfassende Lebensenergie.

Wie sich Ihre Unfreiheit im täglichen Leben ausdrückt

Probleme ohne Partnerschaft

Männer sind keine Könige der Emotionen, sondern Chefs im Denken. Lieben und geliebt zu werden ist für viele Männer eine eher kognitive Befriedigung, die gerne zelebriert wird. Aufgrund der Historie mit der Mutter ist das Gründen einer Familie für den unfreien Mann potenziell schwieriger als für andere, weil es immer als emotionales Neuland empfunden wird. Finden wir dann keine Partnerin, die uns die Sicherheit vermittelt, Emotionen und unsere ganz eigenen Interpretationen über Gefühle in den Griff zu bekommen, fällt es uns schwer, langfristige Beziehungen einzugehen. Wir bleiben dann nach dem ersten Verliebtsein im kognitiven Bereich der Beziehung hängen. Gehen wir doch eine Beziehung ein, kann es mit großer Wahrscheinlichkeit passieren, dass dies keine gleichwertige wird, denn so haben wir es ja ehemals, am Beispiel der Eltern, gelernt. Die Überwindung der Schwelle vom Ich zum Wir wird dann für uns besonders schwierig. Je mehr wir uns dem Partner öffnen, desto mehr bleibt unsere Unabhängigkeit auf der Strecke. Der oftmals unreflektierte Reflex des Rückzugs macht uns schmerzlich bewusst, wie sehr uns Nähe fehlt. Leider scheint es für uns unveränderbar, weil wir glauben, uns immer wieder schützen zu müssen.

Wir kämpfen zwischen zwei Welten: der Sehnsucht nach Nähe und Austausch gegenüber unserer Autonomie und Unabhängigkeit. Dass uns unsere Partnerinnen tatsächlich so nehmen, wie wir sind, können wir uns nur ganz schwer vorstellen. Wir kennen es ja nur so, dass wir durch Hilfeleistung Liebe erhalten. Auch wenn es wie plattes Schwarz-Weiß-Denken erscheint, uns Männern fehlen oftmals die leichten und entspannten Zwischentöne des mitmenschlichen Umgangs. Der Grund: Angst vor echter Nähe. Die Bindungsangst ist übermächtig groß. Unser erwachsenes Männerherz sehnt sie sich zutiefst nach der Freiheit von der Mutter. Dann ist der Weg frei für die wahre Liebe und die eigene Familie – damit das »Mann sein« im wahrsten Sinne des Wortes gelebt werden kann.

Wir Männer können mehr. Ja, wir können auch Nähe!
Leben Sie Nähe oder Distanz?

Probleme in der Partnerschaft

Ein landläufiges Zitat spricht davon, dass es kein Problem ist, Erfolg zu haben – die Anstrengung und Qualität besteht darin, den Erfolg zu halten. Übertragen auf die Partnerschaft können wir auch davon ausgehen, dass es weniger ein Problem darstellt, eine Beziehung in irgendeiner Form einzugehen; das Problem besteht eher darin, die Beziehung auch langfristig aufrechtzuerhalten.

Grundsatz in einer Beziehung, die langfristig tragfähig wird, ist die Akzeptanz des Partners als ebenbürtig. Das ist die Balance zwischen Respekt und Wertschätzung des Partners und gleichzeitiger Selbstachtung und Selbstwert. Eigentlich ist das alleine schon ein gelungenes Rezept für eine wundervolle Beziehung. Doch was erleben wir tatsächlich? Da gibt es »Softies«, die »Frauenversteher«, die von Frauen ebenso verlassen werden wie die brutalen und knallharten Kerle.

In vielen Fällen haben wir Männer unseren eigenen Standpunkt noch nicht gefunden oder in der Beziehung verloren. Wir wissen nicht, wer wir sind und was wir wert sind. Und wir haben keinen echten Kontakt, weil wir in der Regel nicht wirklich transparent und verständlich kommunizieren. Wir halten die Klappe, weil wir es uns gar nicht wert sind, uns mitzuteilen, und glauben, dass unsere Partnerin so vieles besser kann. Oder Frauen eben alles anders machen? Fühlen, soziale Kontakte knüpfen, Heim und Herd bestellen. Doch an wen wohl erinnern uns genau diese Eigenschaften? Es sind mütterliche Qualitäten, die wir in unseren alten Rollenbildern von unserer Partnerin verlangen.

Das ist die Anleitung zum Scheitern!

Denn wenn ich von meiner »mütterlichen« Frau zu Hause umsorgt werde, vielleicht auch noch darauf hoffe, dass ich am Abend eines erfolgreichen Tages von meiner Ehefrau gelobt werde, dann fühle ich mich auch verpflichtet, in meiner Frau nicht nur eine Mutter zu sehen, sondern auch am Ende des Tages mit »meiner Mutter« ins Bett zu gehen. Da kein gesunder Mann mit seiner eigenen Mutter schlafen möchte, ist das Tor zu einer Außenbeziehung offen.

Wir Männer können mehr. Ja, wir können sprechen!
Sprechen Sie gerne über sich?

Probleme in der Erziehung

In den ersten Jahren ihrer Erziehung erleben Jungen fast nur Frauen in ihrem Umfeld. Erst ganz langsam wächst in unserer Gesellschaft auch das Vertrauen zu männlichen Erziehern, die beiden Geschlechtern guttun. Doch unser bisheriges Erziehungsmodell ist noch stark geprägt von weiblicher und damit eher weicher Energie. Nicht nur die Söhne alleinerziehender Mütter, die es im Leben wahrlich nicht leicht haben, auch Söhne von Vätern, die immer anderes zu tun haben, sind an ihre weiblichen Vorbilder gebunden. Somit ist der kleine heranwachsende Mann auch abhängig von Mutters Bedürfnissen, Wünschen, Leiden und dem ganz eigenen mütterlichen Glauben an das Leben. So lernen wir Männer unbemerkt und sehr früh, uns an diese Bedürfnisse anzupassen und den an uns unbewusst gestellten Anforderungen zu genügen. Mit Folgen: Besinnen wir uns im Erwachsenenalter nicht auf uns selbst, filtern wir die vermittelten Informationen nicht, übertragen wir diese ehemaligen mütterlichen Erwartungen und Bedürfnisse auf unsere Partnerin. Das kann eigentlich nur schiefgehen.

Sozialsystemisch sprechen wir dann von sogenannten Verstrickungen, also ungelösten und vorwiegend unbemerkten »Seilschaften« in der Beziehung zu unserer eigenen Mutter. Lisa Fitz bezeichnet das volkskundige Ergebnis in ihrer gleichnamigen Gesellschaftssatire sehr schön: »Alles Schlampen außer Mutti!« Die festen Verbindungen zur Mutter bleiben unsichtbar, gleichwohl von gigantischem Ausmaß und nur energetisch zu spüren. Gerade potenzielle Interessentinnen des Mannes spüren diese Energie ganz besonders. In der Regel wird ein von solch mütterlicher Energie infizierter Mann von Frauen entweder gemieden oder wie ehemals von Muttern in das unbewusste Behütungsprogramm aufgenommen: »Hier gibt es einen ganz Süßen, den es vor anderen bösen Frauen zu retten gilt und der ohne mich nicht auskommt!«

Die wichtigsten Informationen darüber, was einen Mann wirklich ausmacht, erhält er also von seiner erziehenden Mutter. Denn häufig ist sie es, die die Probleme und den Ärger, den sie mit dem eigenen Partner hat, vor den Kindern »öffentlich« kommentiert. Der Mann wird kritisiert, diffamiert und bald im Auge und im Herzen des Sohnes degradiert. Der Vater wird abgewertet, die Mutter erklärt sich damit automatisch zum Opfer. Das tut weh. Denn einer vom gleichen Geschlecht wie er selbst wird von der Mutter zunehmend entthront. Der junge Mann gerät in eine Verteidigungsoffensive des Vaters – unbemerkt. Die meisten meiner männlichen Klienten leiden genau unter dieser Tatsache, dass der Vater schwach, nicht anwesend war oder schwach und nicht anwesend »gemacht« wurde.

Trotzdem soll der Junge sich nun an diesem »männlich Fremden« orientieren. So müssen wir Jungs uns das Bild eines Mannes selbst zusammennageln. Wir hören nur, dass wir keine Mädchen sein sollen, uns zusammenreißen sollen. Was sollen die anderen von einem jungen Mann denken? Das ist der erste förmliche Schritt zum langsamen Verschließen unseres Männerherzens. Wir wurden für unsere »weiblichen« Gefühle wie Angst, Scham, Traurigkeit und Tränen angemahnt. Wut und Trotz waren nicht angebracht.

Wir beschließen langsam, das Fühlen zu lassen.
Erinnern Sie sich an Ihre Gefühle von damals?

Erziehen wir nun unsere eigenen Kinder, wollen wir alles besser machen und nicht so werden wie Mutter und Vater. Zunächst. Doch warum werden so viele Ehen mit Kindern nach einem Jahr oder nach zwanzig Jahren geschieden? Nach zwei Jahrzehnten deshalb, weil die Kinder aus dem Haus sind, sich die Eltern neu begegnen und feststellen, dass sie sich auseinandergeliebt haben. Ein Jahr nach der Geburt, weil es das junge Paar nicht geschafft hat, sich an die neuen Rollen »Mutter« und »Vater« zu gewöhnen. Doch Mutter und Vater *ist* man nicht, Mutter und Vater *wird* man. Da uns das niemand vorher sagt, geben viele Paare zu früh auf.

Nicht zuletzt deshalb, weil sich der Mann plötzlich zurückgesetzt fühlt. Er spielt nicht mehr die erste Geige wie ehemals bei Mutti. Und wenn die neue »Mutti« nicht mehr die Bedürfnisse des Mannes erfüllen kann, muss er leider gehen. Das ist ein trauriges Indiz dafür, dass der Mann noch immer mit seiner eigenen Mutter verstrickt ist und die Wünsche und Sehnsüchte nach Anerkennung und Wertschätzung auf seine neue Partnerin überträgt. Das kann die junge Mutter nicht schaffen, weil sie selbst sich neu ordnen muss – jetzt ist echte Partnerschaft gefragt. Wenn nicht, wächst das nächste Kind ohne Vater auf.

Ein Klient hatte zweimal geheiratet und die Frauen jeweils nach der Geburt eines Sohnes verlassen. Erst die dritte Frau, die keine Kinder bekommen konnte, war die richtige. Der Mann war mit seiner Mutter, die längst verstorben war, auf das innigste verbunden. Im Umgang mit der Partnerin wurde dies überdeutlich. Die Ehefrau wurde noch im hohen Alter über jeden seiner Schritte informiert, ob sie wollte oder nicht.

Wir Männer können mehr. Ja, wir können auch ohne Mutti!
Wie ist Ihre Beziehung zu Mutter und Vater der Kindheit?

Probleme mit Nähe und eigenen Gefühlen

Männer haben Schmerzen. Aber wir Männer haben doch gelernt, dass Indianer keinen Schmerz kennen. Den selbst empfundenen Schmerz anzunehmen und anzuerkennen, ist der erste Schritt in die Befreiung. Zu lange haben wir Männer das eigene Leiden geleugnet, weil wir immer stark sein wollen. Wir haben verlernt, wirklich zu fühlen, also bewusst und vorsätzlich auch einmal unsere weibliche Seite zu erleben, und haben uns in unserem hohen männlichen Anspruch verloren. Das isoliert. Was ist daraus geworden? Einsamkeit, zwanghaftes Wettbewerbsstreben, lebenslange emotionale Befangenheit. Der hohe Preis dafür ist die Isolation, das Mit-sich-selbst-auskommen-Müssen und die Unfähigkeit, Nähe zu leben.

Viele Männer glauben, dass diese Art der Lebensgestaltung von ihnen verlangt wird, doch sie rafft uns förmlich dahin. Weil wir das Gefühl zu uns selbst verloren haben und uns über äußere Aspekte definieren, rutschen wir emotional von uns selbst ab.

Die dritthäufigste Todesursache von Männern zwischen 15 und 65 ist Selbstmord!

Weil wir dann auch noch glauben, unsere Problematik anderen nicht mitteilen zu dürfen, verlieren wir nicht nur den Kontakt zu uns selbst, sondern auch zu unserer Umwelt. Wir scheitern immer wieder in unseren intimen Beziehungen. Jede zweite Ehe in der Großstadt wird geschieden. Viele Männer gehen weit vor diesem Schritt der Trennung Außenbeziehungen ein, um sich wenigstens als Eroberer zu spüren und kämpferische Erfolgserlebnisse auf erotischem Gebiet zu simulieren. Denn die Verletzungen der Kindheit, wie auch immer geartet, haben unsere Seele zu dem Schluss kommen lassen, dass wir Nähe in jedem Falle vermeiden sollten, um nicht noch mehr Seelenschmerz zu erleiden.

Orgiastische Gefühle.
Im Liebesakt mit einer Frau werden wir eins.

Nur für kurze Zeit werden wir symbiotisch und vereinigen uns. Das setzt voraus, dass wir vorher zwei waren. Es braucht erlebte Grenzen, die sich dann auflösen. Wir müssen wissen, wo wir aufhören und der andere anfängt. Wir müssen Berührung im Außen wahrnehmen und eine innere Bereitschaft für die Verbindung spüren können. Ist die Beziehung schon symbiotisch, also will der Mann mit der Frau förmlich dauerhaft verschmelzen wie im Mutterleib, dann ist diese intime Beziehungsaufnahme nicht möglich. Dann ist er innerlich nicht frei, ist verstrickt mit der Mutter und wird diese Beziehung als schwierig und kompliziert erleben.

Dieses Noch-gebunden-Sein kann sich sehr offensichtlich zeigen. Ich denke da an einen Klienten, der noch mit 38 Jahren zu Hause lebte, sein feines »Kinderzimmer« hatte, die Wäsche noch von Mutti gewaschen bekam und das als Normalität empfand. Die fehlende Ablösung kann aber auch ganz subtil zu Tage treten. Harte Manager, die sich in Firma und Zuhause alles untertan machen und die plötzlich hilflos und verloren mit ihrer Mutter sprechen und ihr jeden Wunsch von den Lippen ablesen, Urlaube organisieren und weiterhin als kleine Jungen parat stehen. Im Coaching mit einer ehemaligen Prostituierten wurde mir von ihr die landläufige Annahme bestätigt, dass der schmerzhafte Wunsch nach demütigendem Masochismus vor allem bei ihren damaligen honorigen Klienten aus der Führungsebene besteht. Könnten diese Herren ihre eigene Mutter als »echte« Mutter annehmen, müssten Sie sich nicht so schuldig fühlen und bestrafen lassen, um ihre Lust über Schmerz erleben zu »müssen«.

Wir Männer können mehr. Ja, wir können fühlen!
Lust auf Gefühle?

Probleme mit Angst, Unsicherheit und Kontrolle

Je unsicherer unsere Umwelt scheint – und ich schreibe bewusst scheint, weil Sicherheit eine Illusion ist, die nur durch mehrfache Wiederholung an subjektiver Wahrheit gewinnen mag – desto sicherer müssen wir uns sein. Sind wir es nicht, suchen wir uns Dinge, an denen wir uns festhalten können und werden. Hilflos und alleine gelassen, legen kranke Mütter ihren Fokus oftmals auf sich selbst. Das Kind bleibt unterversorgt und richtet sich nach »Haltbarem« aus. Der eher unbeachtete Sohn muss in der Welt, die um ihn herum nichts Festes, keine Konstanten zu bieten hat, etwas finden, an dem er sich festhalten kann. Das Spielzeug und die damit verbundene Schein- und Spielwelt, in die er ein- und abtauchen kann, bietet solches.

Alleingelassene Kinder finden in der eigenen Welt den besten Halt.

Das bleibt auch im Erwachsenenalter so. Die materiellen Spielzeuge werden größer und bieten weiterhin Halt: Oldtimer, Modellbahn, Modellautos, Boote, Häuser, Uhren. Nahezu alles lässt sich später sammeln und in der entstehenden Kollektion verfeinern. Nicht wenige Männer finden dort ihren einzigen Halt. In einer Miniatur-Modellauto-Firma ging einmal ein Brief ein – ich habe ihn selbst lesen dürfen – in dem sich der Absender indirekt bei dem Hersteller bedankte, dass er nun viel mehr Platz für seine Modellautos hätte, da nun endlich seine Frau ausgezogen sei und er die ganze Wohnung für seine Tausende von Sammlerstücken hätte. Nie zuvor hätte er solch ein befreiendes Gefühl verspürt!

Doch wenn wir Männer alles kontrollieren müssen, helfen auch keine Spielwaren mehr, um uns als Kind zu leben. Wir versuchen, einer fernen und vergangenen Welt nachzuspüren, und sind der Mutter damit immer näher. Eine Partnerin wird förmlich gezwungen, das Feld zu räumen, sich wieder dem Erwachsenenleben zu widmen und einen reifen Mann zu suchen. Denn die Hilflosigkeit der eigenen Mutter wird solchen Männern zum teuren Verhängnis, sie erleben den Verlust der eigenen Identität.

Wir Männer können mehr. Ja, wir können auch loslassen!
Möchten Sie wirklich loslassen?

Probleme mit Leistung bis zum Ausbrennen

Dem modernen Mann, ausgestattet mit den »Dienstgradabzeichen« Erschöpfung, Hetze, Druck, Stress und Burn-out fehlt es in der Regel an eigener Wertschätzung. Obwohl er sehr kompetent ist, was sich darin zeigt, dass er stets um Rat gefragt wird, kann er mit dieser selbst erworbenen Wertschätzung ihm gegenüber in der Regel wenig anfangen, weil er sich selbst nicht genügt. Er wertet seine ihm so nahestehende Mutter ab und damit auch sich selbst als Person. Er selbst hält sich dann nicht für besonders wertvoll, es fehlt ihm an Selbstachtung. Und dies wiederum wird der erneute Antrieb für neue Taten, um vor anderen und für andere zu glänzen. Den Außenstehenden fällt das nicht besonders auf, denn der betroffene Mann ist ja immer mit dabei, am Puls der Zeit, weiß alles, hat viel, kann mehr. Doch er gibt sich bei alledem selbst keinen Wert.

Es mangelt ihm an der Einsicht, selbst als Individuum wertvoll zu sein, weil er nie erlebt hat, dass er um seiner selbst Willen geliebt wird.

Früh hat er gelernt, dass er nur über das, was er tut, Wertschätzung erhält. Denn meist hat er der Mutter gute Dienste erwiesen, da der Vater abwesend war, viel Zeit bei der Arbeit verbracht hat oder schon über alle Berge gewesen ist. Vom Vater unerkannt, war er auf die »wertvollen Werte« der Mutter zurückgeworfen.

Sollten Sie, geschätzter Leser, an dieser Stelle bereits ein Problem damit haben, sich möglicherweise selbst auch keinen besonders großen Wert beizumessen und vermuten, dass diese Hypothese nur ein Hirngespinst sein könnte, sollten Sie das Buch jetzt erst einmal weglegen. Werden Sie sich entspannt darüber klar, mit welchen Werten Sie selbst wertvoll werden. Materie? Gefühle? Soziale Nähe?

Wer sind Sie?
Wofür werden Sie wirklich geschätzt?

Wenn Sie sich dessen bewusst werden, kommen Sie sich selbst näher. Das ist ein großer Schritt. Der Lohn? Sie werden sich einlassen können und Ihre emotionalen Fähigkeiten, die in Manager-Kreisen gerne auch als Emotionale Intelligenz bezeichnet werden, steigern. Das wiederum hat jedoch Konsequenzen, denn es könnte sein, dass Sie Ihre Auffassung über Arbeit und Miteinander neu definieren müssten.

Denn der moderne Mann richtet sich selbst. Durch seine inneren Kläger, Richter und Zweifler. Nichts ist wirklich gut genug, alles geht noch einen Tick besser. Es kommt immer wieder zu neuen Sinnfragen, die bald auch existenziell werden. Diese Existenz betrifft aber in der Regel nicht die Finanzen – was durchaus auch eine Folge sein kann – sondern sie betrifft den eigenen Standpunkt im Leben: »Was bin ich denn überhaupt wert?« Denn wenn die Arbeit als Antrieb zur Wertschätzung der Mutter und als Anerkennung des Vaters gesehen wird, bleibt wenig Raum für Selbstentfaltung. Es kommt zur Depression, dem bereits beschriebenen existenziellen Konflikt. Kommt sie schleichend und wird versucht, sie mit Arbeit zu kompensieren, nennen wir das Burn-out. Und Burn-out ist wie Mundgeruch: Der, den es betrifft, bemerkt es zuletzt.

Wir Männer können mehr. Ja, wir können mit Leichtigkeit arbeiten.
Fühlen Sie sich leicht?

Probleme mit Alkohol

Weil viele der Mutter so nahe stehen und dem Vater so fern sind, mussten wir uns mehr an der Lebensidee der Mutter orientieren. Je näher wir der Mutter kommen, desto ferner werden wir dem Vater. Und wenn Sie mit Ihrem »Alten« im Kopf auf Kriegsfuß stehen, stehen sie mit Ihrer eigenen Männlichkeit auf Kriegsfuß. Die Suche nach dem Vater beginnt. Und diese Suche hat immer etwas mit unserem Verhältnis zur Sucht zu tun.

Bin ich der Mutter nahe und ist der Vater fern, ist der Griff zur Flasche oftmals nicht weit. Auf der verzweifelten Suche nach männlichen Qualitäten und der gleichzeitigen scheinbaren Unlösbarkeit ist das Ertränken der Probleme im Alkohol oftmals das Mittel erster Wahl. So gehen wir in der sozialsystemischen Arbeit immer davon aus, dass die Sucht, egal ob Drogen oder Alkohol, mit der Dynamik aus der männlichen Linie, also dem väterlichen Zweig, zu tun hat. Wird der Vater von der Mutter geschnitten und ausgegrenzt, versuchen wir Jungen ihn wieder in das familiäre System zurückzubringen. Das kann uns in unserer Kindheit nicht gelingen, wir sind überfordert, weil es nicht unsere Aufgabe ist und sein kann, egal, wie schlecht es den Eltern geht. Diese Verzweiflung treibt uns in die Sucht. Die Suche hat dann am Ende meist kein Happy End, was die hohe Zahl an Suchtkliniken eindeutig unter Beweis stellt.

Wir Männer können mehr. Ja, wir können bewusst genießen.
Sind Sie ein Genießer?

Probleme mit der eigenen Sexualität

Wann hatten Sie das letzte Mal richtig guten Sex? Und vor allem mit wem? Was denken Sie über Sex? Viele unter uns leiden an Prostataproblemen, ein sicheres Indiz dafür, dass wir unsere Haltung zu uns selbst und zu unserer Männlichkeit innerlich sehr in Frage stellen. Das Gewebe der Prostata ist das einzige im Mann, das dem der weiblichen Brust gleicht. Zufall? Alle meine Klienten mit dieser Symptomatik stehen nicht wirklich ihren Mann. Oder noch deutlicher: Sie *glauben,* ihren Mann nicht stehen zu dürfen. Das ist ein großer Unterschied, denn diesen Glauben haben wir früh erworben, nicht von Mutter Natur, sondern von unserer Mutter der Kindheit.

Die Folge sind auch Potenzprobleme. Viele unter uns bekommen keinen mehr hoch. Das ist traurig und macht uns krank. Denn was wir nicht loslassen, verfestigt sich in uns. Doch unser Körper, unsere Männerseele sehnt sich nach Berührung, nach Zärtlichkeit, doch wir wissen nicht, wie wir es einfädeln sollen. Wir wünschen uns eine Frau im Bett, die auch wirklich eine echte Frau ist, die sich hingeben kann, aber auch einmal über uns kommt. Nur Frauen, die sich selbst schätzen, haben guten Sex mit uns. Wenn allerdings auch sie sich nach dem Vater der Kindheit richtet, bleiben die Pforten verschlossen.

Nichts ist dann leichter für einen »weltoffenen« Mann, als sich eine Außenbeziehung zu suchen und darüber nicht nur freieren Sex zu haben, sondern auch noch das Gefühl aufrechtzuerhalten, es gäbe immer wieder etwas zu erobern, es gäbe immer wieder ein Burgfräulein, dem er als Ritter in den Steigbügel helfen kann. Hat sie es gelernt, zieht der erfahrene Mann weiter.

Das ist keine Befriedigung, denn wir sind mit uns selbst im Unfrieden. Müssen wir uns zu Hause rechtfertigen, lernen wir immer mehr mit den Lebenslügen zu leben und glauben dann auch noch, dass all das Sinn ergibt. Doch der wahre Friede beginnt bei uns selbst. Bei unserer eigenen Befriedigung. Denn wenn wir uns selbst nicht schätzen, wie sollte es jemand anderes tun? Wenn uns schon die Mama gezeigt hat, dass der Pipimann etwas Unsauberes ist, dann tragen wir das auch noch die kommenden Jahrzehnte in uns und vergessen unser Genital, das fortan mit Scham besetzt ist. Die Mutter hat uns womöglich verklärt aufgeklärt, weil der Vater wieder einmal durch Abwesenheit geglänzt hat. Die Mutter selbst hatte es einfacher, denn sie wurde durch ein evolutionäres Ritual »eingeweiht«, die Menstruation. Der junge Mann durch den Playboy? Wie sieht es bei Ihnen aus?

Finden Sie Ihren erigierten Penis attraktiv und geil oder müssen Sie ihn »verstecken«?
Streicheln Sie sich selbst auch einmal unter der Dusche?
Freuen Sie sich, Ihr Gemächt Ihrer Partnerin zu zeigen?

In vielen Kulturen ist der Phallus ein Geschenk des Himmels, der wahren männlichen Schöpferkraft und schlichtweg das Organ der Evolution. Zur Erinnerung … ohne den Penis Ihres Vaters könnten Sie diese Zeilen gar nicht lesen! Schockiert?

Wenn wir uns selbst der Partnerin gerne ganz nackt, ohne Hüllen und ohne materielle Angeberei zeigen, zeugt das von männlichem Selbstbewusstsein. Ist unsere Position zur eigenen Mutter ehemals »falsch« aufgestellt, waren wir »Ersatz« für einen Partner, hat Mutter sogar deshalb auf eine erfüllende Partnerschaft verzichtet, sind wir geschwächt. Denn mit Mutter möchte niemand ins Bett. Unsere Sexualität und die Freude daran ist unreif geblieben.
Wenn Männer ihre Wäsche nicht täglich wechseln, das Duschen und Zähneputzen vernachlässigen und mit dreckigen Finger-

nägeln an der Partnerin »operieren«, dann ist dies ein Zeichen für Hilflosigkeit und Lieblosigkeit sich selbst gegenüber. Wenn ein Mann stinkt, entzieht er sich energetisch jeglicher Nähe und kommt damit erneut der Mutter umso näher, weil er auf eine erfüllte, eigene Sexualität verzichtet.

Wir Männer können mehr. Ja, wir können uns auch lieben! Haben Sie (saubere) Eier in der Hose?

Probleme mit der Gesundheit

»Ich habe keine Probleme mit dem Bluthochdruck«, sagte der Klient. »Du nimmst ja auch seit zwanzig Jahren Tabletten dagegen!«, daraufhin seine Frau. Das ist kein Witz! So erlebt in meiner Praxis. Ein deutliches Merkmal dafür, dass wir Männer nicht nur ignorant mit unserem eigenen Körper sind, sondern auch noch vergessen, was wir uns laufend in den Rachen werfen, um nicht mehr an körperliche Probleme erinnert zu werden. Wir leiden zunehmend unter erhöhtem Druck und genau das verursacht den *Bluthochdruck*. Der Arzt weist dann darauf hin, dass wir später mit *Herzproblemen* rechnen müssen – auch das passt, denn wenn wir Druck haben, passen wir uns an und wenn wir uns anpassen, schwingen wir in einem anderen Rhythmus als unserem eigenen. Unser Herz ist für unseren ganz eigenen Rhythmus zuständig. Sind wir nicht in unserem Rhythmus, haben wir Herzprobleme. Wir nehmen uns dann kein Herz für uns, sondern haben ein »Herz für Mutti«, die wir meist auch noch in unserer Partnerin suchen. Neben der Depression sind wir Männer für alle Krankheiten begünstigt, die uns aus der Ruhe, aus unserer Mitte, bringen.

Häufige Folgen sind allgemeine *Ängste, Existenzängste und Panikstörungen,* die dann in zwanghafte Handlungen und Ticks übergehen können. Diese Ausprägung der *Zwangsstörung oder Verhaltenssucht* weist auch auf ein mögliches weiteres Suchtverhalten substanzgebundener Abhängigkeiten hin, wie Rauchen, Alkohol- und weiterer Drogenkonsum. Zudem zeigen *Süchte* – aus sozialsystemischer Erfahrung – immer eine gestörte Hinwendung zur männlichen, also gerade auch väterlichen Linie.

Auch *Kopfschmerzen bis zur Migräne* zeugen davon, dass »Mann« wohl mit dem Kopf durch die Wand und seinen eigenen Weg gehen wollte, dies aber ausgetrieben bekommen hat. *Schlafstörungen* können die Folge bzw. der Ausdruck lange unterdrückter Affekte und Aggressionen sein, die in der Nacht »an den Tag« kommen.

Da wir Männer auch Märtyrer sind, neigen wir »gerne« dazu, zu leiden. Dies ist uns oftmals dienlich, um unseren Körper und somit uns selbst überhaupt richtig wahrzunehmen. So sind es oft banale Krankheiten und *Wehwehchen,* die Männer immer wieder beschäftigen und behindern. Das immerwährende Sich-zusammennehmen-Müssen gegenüber der eigenen inneren überwertigen Selbstkontrolle bietet auch einen Ansatz für *hypochondrische Selbstbeobachtung.*

Die mangelnde Abgrenzung gegenüber anderen veranlasst manche Männer, Schranken an ihrer größten Landesgrenze zu setzen: der *Haut.* So zeigen sie sich manches Mal über die Haut, nicht aber über die Psyche, wehrhaft und können verschiedenste Hautirritationen, beispielsweise *Schuppenflechte,* ausprägen.

Rücken- und Bandscheibenbeschwerden wurden mittlerweile von psychischen Problemen im Rang der beruflichen Arbeitsausfälle abgelöst. Dennoch bleiben sie ein Zeichen, wie sehr wir uns verbiegen und überlasten.

Wir hören nicht auf unseren Männerkörper und spätestens wenn uns der *Tinnitus* tönt, sollten wir endlich das verändern, was wir uns schon lange vorgenommen haben.

Alle Befindlichkeiten haben eines gemeinsam: Sie sind aus einem Übermaß an Anpassung entstanden, das uns nicht guttut. Wir haben unser männliches Leitbild in der frühen Kindheit verloren und uns als Erwachsener bisher nicht wieder gefunden, weil uns schon ehemals die Orientierung als Mann gefehlt hat.
Krankheiten sind Anpassungsstörungen. Wenn wir nicht auf uns hören, spricht unser Männerkörper. Wenn wir zu begreifen beginnen, dass unsere Seele unser Freund ist, können wir Befindlichkeitsstörungen als Hilferuf identifizieren. In unserem Leben ist etwas nicht in Ordnung. Erst dann können wir wieder neue Kraft und aus dem Vollen schöpfen.

Wir Männer können mehr. Ja, wir können für uns Verantwortung übernehmen!
Sind Sie gesund?

Probleme mit oder ohne Vater

Uns Männern fällt zu unseren Vätern erstaunlich wenig ein. Woran mag das liegen? Möglicherweise können auch Sie über Ihren Vater nichts sagen?

War er stark oder schwach?
Hat er für Sie und die Familie gesorgt?
Hatte er Zeit für die Familie?
Oder hat er sich in die Arbeit verkrochen?
Hat er Sie oder haben Sie ihn abgelehnt?
War er krank?

War er oftmals betrunken oder depressiv?
Waren Sie enttäuscht von ihm oder haben Sie ihn bewundert?

Vielleicht ist ihr Vater auch ein Geheimnis, das Ihre Mutter hütet, weil es ihrer Meinung nach nichts zu erzählen gibt? Ohne Vater aufzuwachsen ist schmerzhaft. Doch das Leiden mit »abwesenden« Vätern ist oftmals nicht weniger zermürbend.
Mein Vater hat uns verlassen, als ich drei Jahre alt war. Es hat mich schwer getroffen. Erst später erfuhr ich durch mich selbst, wie schwer. Das weiß ich heute. Als Kind habe ich mich, um darüber hinwegzukommen, angepasst. Als erwachsener Mann habe ich mir meinen Vater »aktiviert«. Unbeirrt suchte ich das Gespräch mit ihm, der sehr mit sich und »seinem« Leben beschäftigt war. Die Verletzungen der Kindheit wurden in diesem Zuge präsenter als je zuvor. Doch wir können unsere Väter nicht zwingen, zu uns zu blicken, wenn wir selbst nicht hinsehen. Wenn wir vermeiden, bleiben wir ungesehen.

Zu all dem Schmerz, den wir selbst spüren, erfahren wir noch den Schmerz der eigenen Mutter, die sich grämt, weil auch hier die Beziehung zu unserem Vater nicht stimmt. Wir beginnen, uns zu solidarisieren und schließen einen Pakt mit der Mutter. Gegen den Vater. Das klebt ein gemeinsames Pflaster auf die Wunde, das scheinbar das Gleiche glättet – aber der Verantwortungsbereich für die Wunde ist dennoch höchst unterschiedlich. Wir sind »nur« das Kind von Mutter und Vater.
Diese Verstrickung, die in Kinderzeiten wohltuend durch die Zuwendung der Mutter »medikamentiert« wurde, wird uns im Erwachsenenalter zum Fallstrick. Denn den Pakt mit unserer Mutter können wir kaum lösen, weil wir die Solidarisierung nur noch schwer erkennen.

Der ferne Vater wurde durch die nahe Mutter ersetzt.

Als Männer, deren Eltern dieses Schicksal erlitten haben, müssen wir erkennen, welchen Anteil wir an dieser Geschichte erworben haben. Wir müssen ordnen und sortieren, die sprachrohrartige Wiedergabe der Geschehnisse durch die Mutter differenzieren. Wir müssen gewissermaßen zu unserer eigenen Männersprache gegenüber dem Vater zurückfinden, unsere eigene Betroffenheit spüren dürfen.

Denn erst, wenn Sie Ihre Verletzung spüren, können Sie auf die unerfüllten kindlichen Sehnsüchte blicken und die Vorwürfe gegenüber Ihren Eltern fallenlassen. Sie wirklich erkennen und benennen und nicht weiter die initialisierten Parolen der Mutter hinausblasen. Wandeln Sie Ihren eigenen Schmerz zur Lebenslust. Sie erfahren dann auch, dass Sie zu Ihrem ureigenen Schmerz stehen können und Ihnen nicht mehr von Mutti geholfen werden muss. Dass Gemeinsames mit der Mutter verloren geht und alter Schmerz zum Vater wieder aufblüht. Aber es tut Ihrem Männerherzen gut.

Die Lösung liegt in der Erkenntnis, dass eben einiges nicht so war, wie Sie es sich gewünscht haben. Und dass Sie es nicht mehr bekommen werden.

Wir Männer können mehr. Ja, wir können akzeptieren!
Nehmen Sie?

Was Sie bereits getan haben ... und warum es nicht funktioniert hat

Oftmals scheitern unsere Anpassungs- und Strategieversuche, weil wir keinen wirklichen Anhaltspunkt haben. Wir wissen nicht, wo wir anfangen sollen. Was tun wir dann?

Viele von uns schaffen *Distanz zur eigenen Mutter* – ziehen in eine andere Stadt, ein anderes Land. Vielen Männern kommen da die internationalen Beziehungen ihres Konzerns gerade recht. Wenn schon der Auszug von zu Hause als Jugendlicher nicht geholfen hat, dann doch jetzt die »Auswanderung« – das schafft subjektiv erst einmal Entspannung, doch das Problem der Unfreiheit ist dadurch nicht gelöst!

Verhindern wir Kontakt zu unserer Mutter, rufen also nicht mehr an oder meiden Besuche, erscheinen eben nur noch zu familiären »Muss-Auftritten« wie Hochzeiten und Geburtstagen, löst auch dies das Problem im Grundsatz nicht. Im Gegenteil, die Erfahrung zeigt, dass es gerade bei den familiären Events zur Eskalation kommt. Das steigert unsere Schuldgefühle und Abhängigkeiten. Denn entstandene Vorwürfe, Unverständnis, Wut und Aggression binden uns noch mehr und machen uns unfrei. Wir sind dann immer mehr in die »Geschichte« involviert und können nicht differenzieren und noch weniger loslassen. Wie ein Terrier verbeißen wir uns fester und fester.

Wut bindet. Liebe macht frei.

Vielleicht haben Sie auch schon versucht, *mit Ihrer Mutter über alles zu reden?* Und Sie mussten erfahren, dass Ihre Mutter gar kein Interesse hat, Altes aufleben zu lassen oder Ihnen Rede und Antwort zu stehen? Das frustriert. »Warum-Fragen« zwingen Ihre Mutter, sich zu verteidigen. Gehen wir einfach einmal davon aus, dass auch Ihre Mutter »Warum-Fragen« an ihre eigene Mutter und den Vater gestellt hat und dass auch sie keine Antwort erhalten hat. Wenn wir dem nachfühlen, können wir erleben, was es heißt, in Verstrickungen zu leben: Unfrieden. Sie können sich heute anders entscheiden, können Muster durchbrechen. Wenn nicht, keimen gehasste und verdrängte Muster weiterhin und immer und immer wieder auf.

Das Gefühl, nicht in der Form gesehen und anerkannt zu werden, wie Sie es sich – bewusst oder unbewusst – wünschen, steigert sich dann mit jedem Satz, den Ihre Mutter nicht hören möchte oder falsch versteht. Ebenso die Wut darüber. Als Mann fragt man sich dann, was man hier eigentlich alles macht, warum man hier sitzt und doch nicht gehört wird.

Vielleicht haben Sie auch *Freunde gefragt,* die Ihnen aber auch nicht weiterhelfen konnten, weil sie ebenfalls mit ihrer eigenen Mutter verstrickt sind, wie der Großteil der Männer. Alles wird eher abgewiegelt und spätestens dann, wenn die Kommunikation bei den Ödipussi-Witzen ankommt, haben Sie auch hier nicht das Gefühl weiterzukommen. Denn wir Männer stellen meistens die falschen, groben und direkten Fragen, weil wir die richtigen und wichtigen nicht kennen.

Wenn wir es *mit uns selbst klären* möchten, uns zurückziehen, alleine in uns gehen, werden wir bemerken, dass wir oft auf den Gedanken kommen, dass mit uns selbst etwas nicht in Ordnung sei. Die Gedankenspirale dreht sich weiter und weiter und lässt die Situation immer auswegloser erscheinen. Wir treten auf der Stelle. Auch das ist kein Weg.

Es scheint also schwierig zu sein, uns von der Mutter loszusagen. Selbst mit einem – sinnfreien – vollständigen Bruch ist es nicht zu schaffen. Wohl für den Verstand, aber nicht für Ihre Männerseele.
Wir sind mit dem Thema zu vertraut, verstrickt in unsere eigenen Verstrickungen. Deshalb können wir manches Mal Gutes für andere bewirken, aber eben nicht für uns selbst. Wir sind blind für uns selbst, ebenso sicher, wie wir uns selbst nicht kitzeln können.

Der einzig wahre Weg, wenn Sie ein erfülltes Leben als Mann führen wollen, ist: Arbeiten Sie mit dem, was da ist! Akzeptieren Sie Ihre Historie, wie sie ist und hören Sie auf, andere verantwortlich für Ihr Leben zu machen! Sie selbst sind heute dort, wo Sie sein wollten, sonst würden Sie nicht dort sein. Damit lassen Sie los. Erst dann, nie früher, können Sie an Ihrer Veränderung arbeiten.

Die meisten meiner Klienten scheuen den Gang zum Coach zunächst, weil man ihnen eingeredet hat, dass »Mann« keine Unterstützung benötigt. Einen Coach zu kontaktieren scheint wie das Überschreiten einer großen Schwelle. Und genau das ist die wesentliche Entscheidung. Denn das Bewusstsein, über eine Schwelle zu gehen, ist gleichzeitig die Bereitschaft, etwas Maßgebliches im Leben zu verändern. Unsere alten Strategien funktionieren nicht mehr und auch die Lösungsideen von früher haben keine Passgenauigkeit mehr. Das hören wir Männer ganz ungern. So ist der kürzeste Weg zur Lösung immer der Blick in die eigene Biografie und in Richtung der eigenen Entscheidungen, die wir im Leben getroffen haben oder treffen mussten.

Versuchen wir diese Themen alleine, »home made«, zu lösen, geraten wir in den absurden Kreislauf der Pseudo-Männlichkeit:

Wie werden ganz »männlich« und definieren uns über Macht, Kontrolle und Unterdrückung.
Möglicherweise legen wir uns laufend mit Autoritäten an und wollen dabei nicht einlenken.
Der verletzte Frauenheld braucht immer wieder neue Eroberungsopfer, damit er selbst immer wieder als Ritter im Vordergrund steht.

Wesentliche Entscheidungen, die uns als Mann binden, wie zum Beispiel eine Heirat, werden ewig hinausgeschoben.
Der mega-erfolgreiche Mann ist reich an Materie, aber innerlich leer.

Gerade wir Männer versuchen, im Außen Stabilität zu erzeugen, um Kontrolle und Sicherheit zu gewinnen. Wenn etwas nicht mehr funktioniert, dann gehen wir mit den alten Strategien voran und versuchen mit altem Denken neue Ideen zu generieren. Und dann ist das Neue oftmals eben nicht neu genug.

Die Wahrheit ist: Das Außen ist immer instabil.

Die festigende Stabilität können wir nur in uns selbst erfahren und finden. Damit kommen wir dem sogenannten Urvertrauen immer näher. Urvertrauen können wir nur in unserer Kindheit gewinnen; war das damals nicht möglich, müssen wir versuchen, durch ein später erworbenes Selbstvertrauen Eigenstabilität zu gewinnen. Dieses ständige Streben, meist geprägt durch Materielles im Außen, das unser mangelndes Selbstvertrauen festigen soll, entfernt uns jedoch immer mehr von unserem eigenen Selbst und unseren Sehnsüchten. Denn die eigentliche Sehnsucht ist ja, uns selbst nah zu sein, und darin liegt die Paradoxie.

Wir suchen Nähe und schaffen Distanz.

Unser Kopf glaubt, alles kontrollieren zu können, und entfernt sich, unser Herz wünscht sich Nähe und Geborgenheit, aber wir können nicht darauf hören. So erleben wir es als Erwachsener. Doch die eigentliche Kindheit, die uns so gefehlt hat, lässt sich auf diese Weise nicht mehr nachholen.

Für eine glückliche Kindheit ist es dennoch nie zu spät!

Tief in unseren Herzen und mit unserem Verlangen, gerade von unserer Mutter geliebt zu werden, wollen wir einfach nur Kind sein. Wir wollen spielen und ganz realitätsfrei träumen, einfach so sein. Blödsinn machen. Leben, ohne an morgen zu denken und darüber zu grübeln, welche Konsequenzen unser Verhalten gerade haben könnte. Das ist unser aller Traum. Denn das ist Leichtigkeit, das ist Spiritualität. Wenn wir uns so einlassen können, dann können wir leben und auch lieben. Doch um uns wirklich so einlassen zu können und um unserer Mutter wieder näher zu kommen, müssen wir uns als erstes von ihr entbinden.

Entbindung heißt erst einmal Distanz.
Erst dann ist der Weg frei für die Liebe.

Wenn ich das, was mich seit früherster Zeit schwächt, erkenne, benenne, es in mir einen Platz bekommt und ich dann Belastendes, das nicht zu mir gehört, meiner Mutter zurückgeben kann, kann ich ihr wieder näherkommen. Als Kind. Das nenne ich Ordnung. Eine Ordnung in mir zu schaffen ist ein Ritual. Ich muss in mir neue Ordnung schaffen, um Gefühlen, Ereignissen und Verletzungen Raum zu geben, damit Angst schwinden und die Liebe fließen kann. Es ist eine Frischzellenkur für unser verletztes Männerherz. Eine Kur, die Sie nur bei sich selbst beantragen können. Gerade wir Männer können gerne ganz besonders klug sein, wissen uns und anderen rational zu helfen und übernehmen immer Verantwortung. Doch dieses kluge Denken und Handeln nützt uns jetzt nichts. Nun ist der Weg des Herzens angezeigt! Er ist der einzig richtige.

Wie wir uns selbst erreichen.

Um auf unserer Landkarte neues Land zu gewinnen, müssen wir also ins kalte Wasser springen und bereit sein, neue Erfahrungen zu sammeln und diese auch auf neue Art und ungewohnte Weise zu generieren, die uns erst einmal fremd und weit hergeholt scheinen wird. So weit hergeholt, wie die auf uns wirkenden, aber unbewussten Erfahrungen mit unseren Müttern und Vätern der Kindheit. Der Tragweite und der Wirksamkeit sind wir uns zum Zeitpunkt der Übung eben meist nicht bewusst und wir erfahren die Auswirkungen erst später, im Nachgang und im Außen, wenn uns unsere Umwelt spiegelt, wie und was sich bei uns verändert hat. Ein Kursteilnehmer schwärmte einmal: »Ich verstehe nichts mehr, aber es fühlt sich so gut an!«

Wie kommen Sie nun zu Ihren Erkenntnissen? Dieses Buch ist gefüllt mit Übungen, die Ihnen einen neuen Zugang zu sich selbst erlauben. Es sind neue Wege und Sie werden sicherlich manches Mal den Kopf schütteln. Doch wie sagte schon Einstein: »Probleme kann man niemals mit derselben Denkweise lösen, durch die sie entstanden sind!« Seien Sie also bereit für Neues, um Altes hinter sich zu bringen, zu ordnen und damit annehmen zu können, damit Liebe fließen darf.

Denn meine Erfahrung zeigt: Wenn wir den richtigen Hebel finden, an der richtigen Stelle ansetzen, ändert sich unsere Welt in kürzester Zeit. Wir können uns endlich abwenden von der Pseudo-Männlichkeit, können unsere gefestigte Position sehen und unsere Männlichkeit annehmen. Lassen Sie uns jetzt einfach gemeinsam anfangen und profitieren Sie von meiner eigenen Erfahrung als Mann, der eine große Veränderung hinter sich hat. Vom erfolgreichen Unternehmer mit »erarbeiteter« Leere im Leben, zum Coach und Berater und Familienvater mit zwei glücklichen Kindern und einer wunderbaren Frau.

Wie sagte Richard Bach so schön: »Du lehrst am besten, was du selbst gerade lernst.« Profitieren Sie also von meiner Erfahrung mit Männern, die die gleichen Probleme haben und hatten, wie wir beide. Die Probleme sind lösbar!

Wir machen Erfahrungen mit unserer Welt, als Mann insbesondere mit der Bezugsperson Mutter, die in »eigenen« Überzeugungen und Glaubensmustern münden und unser Verständnis von unserer Welt formen. Dies ist subjektiv. Auch Quantenphysiker wissen heute, dass es so etwas wie eine objektive Realität nicht gibt. Ich werde also weiterhin versuchen, meine Erfahrungen Ihrer Wirklichkeit gegenüberzustellen. Nicht alles wird Sie interessieren. Muss es auch nicht! Hören Sie auf Ihr Herz und greifen Sie dort zu, wo Sie berührt sind. Oftmals muss es sogar nur ein einziger Satz sein, der tief in uns etwas auslöst. Bei einem Klienten war es der Lösungssatz »Mutter, ich bin ab heute nicht mehr deine Krücke!«, der sein ganzes Leben verändert hat. Es sind also neue Angebote für Sie, deren wirkende Resonanz nur Sie selbst wahrnehmen können. Dabei werde ich mir immer wieder erlauben, mich zu wiederholen. Nicht, weil mir nichts Besseres einfiele. Nein, ich möchte Ihnen immer wieder viele verschiedene Betrachtungsmöglichkeiten anbieten, die zeigen, wie unterschiedlich und individuell wir uns in unserer Situation verfahren und in unsere Probleme verstricken können – um dem Streben nachzukommen, für uns alle gleiche Sehnsüchte und Wünsche zu realisieren. Es gibt nur drei ganz vitale emotionale Grundbedürfnisse, die uns ein Leben lang motivieren:

*Den Wunsch nach **Anerkennung:** »Nimm mich so, wie ich bin!«*
*Den Wunsch nach **Zugehörigkeit:** »Ich bin einer von uns!«*
*Den Wunsch nach **Liebe:** »Liebe mich!«*

Die Reise beginnt. Jetzt.

Suchende Männer. Beispiele aus der täglichen Praxis

Die Begleitung eines Kindes und ganz speziell eines Jungen ist für eine erziehende Mutter immer eine Gratwanderung. Die Erziehung, die oftmals auch als Beziehung auf erwachsener Ebene falsch verstanden wird, ist ein Potpourri aus tragender Sicherheit, fürsorglicher Geborgenheit, ehrlicher Liebe und liebevollem Körperkontakt. Auf der anderen Seite ist die Entwicklung des Kindes durch größtmögliche Freiheit zu gewährleisten. Wie weit lässt eine Mutter ein Kind alleine laufen, das gerade das Laufen gelernt hat? Aus meiner Erfahrung entstehen zwischen Mutter und Sohn folgende sieben bindende und unbewusste Beziehungskonstellationen. Aus Liebe, Treue und Loyalität:

Schuld
Wir glauben, für unsere Mutter und unsere Ahnen Schuld und altes »Familienleid« weiter tragen zu müssen.

Gluckenmutter
Sie tut so viel für uns, dass wir glauben, ihr nie böse sein zu dürfen und sie immer an allen Teilbereichen unseres Lebens teilhaben lassen zu müssen.

Leidende Mutter
Die Mutter ist so schwach, dass wir glauben, unser eigenes Leben für sie aufopfern zu müssen.

Emotionaler Missbrauch
Wir ertragen absurde Vorstellungen und Ideale der Mutter, um sie zu schonen.

Übergriffige Mutter
Wir glauben, Erfüllungsgehilfe der Mutter zu sein und ihren Ideen und Idealen entsprechen zu müssen – bis zum heutigen Tag.

Delegation
Wir glauben, die ungesagten Aufträge der Mutter übernehmen zu müssen.

Rabenmutter
Wir glauben, am Versagen der Mutter uns gegenüber selbst schuld zu sein.

Schuld: »Mutter, mir darf es nicht besser gehen als dir!«

Geld spielt in unserer westlichen Welt eine mittlerweile so große Rolle, dass es zur Maßeinheit für Glück und Erfolg geworden ist. Das folgende Beispiel aus meiner Praxis zeigt, wie wir uns selbst knebeln, wie wir Selbstsabotageprogramme aktivieren und uns dauerhaft unglücklich machen können, wenn wir uns nicht von unserer Mutter loslösen.

Felix ist ein erfolgreicher Geschäftsmann. Immer wieder quälen ihn schwere Existenzängste. Er hat Schweißausbrüche in der Nacht und ist getrieben von Albträumen, er könne seine Familie nicht ernähren. Sein Einkommen war und ist deutlich überdurchschnittlich. Wir machten gemeinsam eine Rechnung auf: Konservativ gerechnet kann er seine Familie noch knapp zwölf Jahre (!) ohne weiteren Verdienst ernähren, ohne sich einschränken zu müssen! Dennoch quälen ihn diese existenziellen Probleme, die zwar nicht real, aber subjektiv und deshalb in unserer gemeinsamen Coachingarbeit sehr ernst zu nehmen sind. Etwas in Felix' Familie zeigt eine für ihn blockierende Wirkung. Felix wurde von seiner Mutter alleine aufgezogen. Sein Vater war früh verstorben und hinterließ eine kleine Rente. Ein Leben lang reichte es gerade so. Nie blieb etwas am Monatsende übrig. Er berichtete, dass er in der Pubertät sogar nur wenig essen durfte, da nach der fünften Stulle Brot Schluss sein musste. Mutter hatte hart dafür gearbeitet.

Der Satz, der entbindet: »Mutter, du musstest verzichten!«

Nun gelang es Felix, mit seinen 38 Jahren ein ordentliches Vermögen zu generieren. Es fiel ihm so leicht, dass es sich nicht nach »Geld verdienen« anfühlte. Das war der Punkt! »Geldverdienen ist etwas Schweres!«, so sein erlernter Glaubenssatz. Es darf nicht leicht sein, Geld zu verdienen und Wohlstand zu haben! Monetäres ist wie bei Mutter verbunden mit Schmerz, Arbeit und hartem Kampf! Dies bot die Grundlage für die Lösung. In unserer gemeinsamen Arbeit entkräfteten wir seine Glaubenssätze.

»Mutter du hattest es schwer!«
»Auch ich habe in meiner Kindheit verzichten müssen!«
»Schau bitte freundlich, wenn ich heute mein Leben in Fülle lebe, denn es darf auch leicht gehen!«
»Ja, ich darf es leicht haben, leichter als du!«
»Die Schwere belasse ich jetzt bei dir und erlaube mir Leichtigkeit!«
»Ich verneige mich vor deinem Schicksal und damit achte ich es!«

Wenn Sie mit dem Schicksal Ihrer Mutter und deren Vorfahren verbunden sind, werden Sie mit diesen Sätzen Erleichterung erfahren. Haben Sie Mut, auch wenn Ihre Mutter nicht mehr leben sollte! Wichtig ist, dass Sie den Raum finden, diese Sätze wirklich auszusprechen, damit erzielen Sie auch bei sich selbst die größte Wirkung.

Denn schwere Schicksale bleiben nicht verborgen – in vielen Familien gibt es solch schwere Schicksale. Heute wissen wir, dass solche Ereignisse energetisch bis zu drei Generationen weiter getragen werden können. Die Verstrickung bleibt meist unbemerkt. Gerade die für uns Deutsche schweren Ereignisse des Zweiten Weltkriegs lasten auch auf uns Enkeln als energetische Hypothek. Aus unserer sozialsystemischen Arbeit wissen wir heute, dass schwere Schicksale ein besonderes Gewicht haben und Nachgeborene immer wieder verstrickt sein können. Dies gilt besonders, wenn diese schweren Schicksale verdrängt, nicht »gesehen« oder gewürdigt werden. Oftmals möchten Eltern oder Großeltern das Ereignis nicht mehr erleben müssen und verleugnen sogar historische Ereignisse. Somit wird das, was vorherige Generationen als natürliche Bewältigungsstrategie benötigten, für die Erben zur Last. Erschütternde Geschichten werden den Nachkommen nicht weitergegeben, weil man sie schützen möchte – unwissend darüber, dass dies energetisch um so mehr belastet.

Wochen später meldete sich Felix bei mir und berichtete, dass er früh morgens vor dem Spiegel gestanden hatte. Er hatte sich selbst betrachtet und im Spiegel auch ein Stück weit seinen Vater erkannt. Und wie es einem kleinen Kind entspricht, kam unverhofft das erste Mal das Wort »Papa« über seine Lippen. Felix war berührt und von der Mutter entbunden! Mit der Anerkennung des Vaters konnte er auch in den Bannkreis, also in den so wichtigen männlichen Energiekreis, des Vaters gehen. Genau dorthin gehören wir Männer!

Gluckenmutter: »Hilfe, mein Sohn findet keine Frau!«

Eines Tages erhielt ich einen Anruf von einer verzweifelten Mutter, die mich fragte, ob ich etwas tun könne, damit ihr geliebter Sohn eine Frau bekäme. Zusätzlich war die Mutter über seinen gesundheitlichen Zustand, eine Schilddrüsenfehlfunktion, beunruhigt. Betrachten wir eine Schilddrüsenproblematik aus sozialsystemischer Sicht, können wir davon ausgehen, dass der Klient sich nicht das Recht zugesteht, sein »eigenes Land« einzunehmen, also sein eigenes Leben vollumfänglich zu leben.

Die Dame schickte mir also ihren Sohn. Nach dieser kurzen Vorgeschichte könnte man annehmen, dass ein kleiner unscheinbarer Mann meine Coachingräume betreten würde, doch dem war nicht so. Vor mir stand ein Hüne und fragte, was ich für ihn tun könne, seine Mutter hätte ihn geschickt. In unserem Gespräch stellte sich heraus, dass er sehr wohl Beziehungen hatte. Mit schöner Regelmäßigkeit, doch offensichtlich von inneren Zweifeln und Konflikten genötigt, beendete er diese immer wieder. Nie war die Richtige dabei. Im Laufe des Gespräches durfte ich erfahren, dass sein beruflicher Werdegang vorbildlich war. Als erfolgreiche Führungskraft hatte er gute Kontakte – und sammelte Frauen wie Trophäen. »Was läuft da schief?«, fragte er sich in unserem Coaching.
Jedes Mal, wenn er eine neue Beziehung einging, führte ihn der Weg im Sommerurlaub gemeinsam mit der neuen Dame seines Herzen auf das familieneigene Gut im Herzen der Toskana. Und immer wieder erhielt er von der dort bereits wartenden Mutter eine »Absage«. Die Entscheidung fiel immer zu Gunsten der Mutter, gegen die aktuelle Partnerin, aus. Noch einmal im Klartext: Die Mutter hatte mich angerufen und um die »Repa-

ratur« ihres Sohnes gebeten, doch sie war der Auslöser für seine Schwierigkeiten!

Nach unserem erfolgreichen Coaching sagte er von sich aus, er würde seine Mutter nun nicht, wie sonst, anrufen und von unserem Gespräch berichten. Gut. Nach Wochen rief mich wiederum seine Mutter an. Ihr Sohn hätte sich doch maßgeblich verändert und auch die Beziehung von ihr zu ihm. Aber plötzlich schien alles so entspannt! Als Mutter fühle sie sich endlich erleichtert, die große Verantwortung für ihren Sohn abgeben zu dürfen.

Die Sätze, die entbinden:
»Mutter, ich kümmere mich um meines,
du um deines!«
»Ich gehe in mein Leben!«

Vor kurzem habe ich erfahren, dass dieser damals »gesandte« Sohn seit drei Jahren eine feste Beziehung hat und in den kommenden Wochen heiraten wird.

Mutter und Sohn haben durch unsere Arbeit beide zu Ihrem Ziel gefunden. An diesem Beispiel können wir deutlich sehen, wie unbewusst Ursache und Wirkung für beide waren. Die Mutter glaubte immer noch mehr für ihren Sohn tun zu müssen, der unter der »Fürsorge« erdrückt wurde und sich gleichzeitig verpflichtet fühlte, keine Frau neben seiner Mutter lieben zu dürfen: aus Treue und Loyalität. Durch den enormen und erfolgreichen Einsatz im Geschäftsleben blieb ihm dieses Defizit unerkannt, es wurde dadurch kompensiert.

Leidende Mutter: »Mutter ist doch krank!«

Wolfram litt darunter, dass seine Ehe immer stärker ins Straucheln geriet und beruflich ebenfalls nichts mehr voran ging. Mit etwas über vierzig Jahren begann er zu resignieren. Seit über zehn Jahren verheiratet, Kinder waren nicht möglich, weil es die Natur offenbar nicht vorgesehen hatte, wurde auch seine Frau depressiv. Aufgrund dessen litt die Sexualität enorm, es gab seit Jahren keinen intimen Kontakt mehr. Wolfram sah keinen Ausweg aus der Situation.

Und tatsächlich, als Wolfram unseren Seminarraum betrat, machte er offensichtlich eine traurige Figur. Er war blass, abgemagert und wirkte kontaktlos. In der IT-Branche arbeitend, entwickelte er für seinen Arbeitgeber erfolgreich Software – der Computer war sein engster Vertrauter geworden. Wolfram kam mit dem Anspruch, nicht nur *sein,* sondern *das* Leben ganzheitlich in den Griff zu bekommen und gerade auch seiner Frau ein guter Partner zu sein, indem er sie immer wieder – aufgrund ihrer psychischen Probleme – väterlich pflegte.

In unserem Kurs stellte sich heraus, dass er mit dem Konzept, das Weibliche im Haus intensiv zu pflegen, große Erfahrung hatte. Die Beleuchtung seiner Historie zeigte, dass der Vater seiner Kindheit immer im Außendienst war und die Mutter darüber – nach Aussagen von Wolfram – krank wurde. Wolfram kannte seine Mutter nur mit Schmerzen und mit schmerzverzerrtem Gesicht. Sie sprach immer davon, dass die vielen Schmerztabletten, die sie nehmen musste, nie wirklich halfen. Sie würde nie mehr richtig laufen können und deshalb sei es so wichtig, Wolfram an ihrer Seite zu haben. Als Wolfram noch ein kleines Kind und der Vater unterwegs war, hatte die Mutter Wolfram immer wieder eingeladen, zu ihr ins Bett zu kommen, denn da würde er doch auch leichter einschlafen. Für Wolfram wurde dies im Laufe der Zeit normal, er fühlte sich tatsächlich wohl dabei. Rückblickend merkte er, dass ihm die Krankheiten seiner Mutter schon immer eine Belastung waren. Der Rückzug von seiner Mutter war zugleich die Begegnung mit dem Computer und der IT-Branche. Hier konnte er in andere Welten eintauchen und hatte endlich ein gutes Argument, etwas zu tun zu haben und nicht bei seiner Mutter sein zu müssen. Doch die innere Bindung blieb. In unserer gemeinsamen Arbeit fanden wir heraus, wie belastend die Krankheiten der Mutter wirklich für Wolfram waren. Hier haben wir gemeinsam wirkungsvolle Arbeit leisten können, als wir rituelle Sätze sprachen.

Der Satz, der entbindet: »Mutter, ich bin nicht mehr deine Krücke!«

Dies veränderte blitzartig sowohl Körperhaltung als auch Gesichtsausdruck von Wolfram! Das erste Mal in seinem Leben spürte er die eigene Erlaubnis zur Freiheit. Aufgrund dieser Entbindungsarbeit von der Mutter zeigte sich auch Wirkung in der Partnerschaft. Er stand im wahrsten Sinne des Wortes seinen Mann und zeigte seiner Partnerin deutlich auf, wie sehr er sich Klarheit und Perspektiven wünschte. Dies wiederum bewegte bei seiner Partnerin so viel, dass sie eine Klinik aufsuchte. Nun hatte sie das Vertrauen, dass Wolfram wirklich als Mann an ihrer Seite stehen und sie mit ihm durch dick und dünn gehen würde. Nach dem Klinikaufenthalt veränderte sich die Beziehung kolossal, bis heute. Wolfram und seine Frau führen heute eine erfüllte, gleichbestimmte Beziehung, auch ohne Kinder.

Viele Männer kennen ihre Mutter nur krank. Sie erkennen erst spät, dass sich die Mutter in die Krankheit geflüchtet hat.

Krankheit bringt auch Aufmerksamkeit und Sicherheit. In der Psychologie spricht man von einem sekundären Krankheitsgewinn: Wenn die Mutter immer gesund aber unbeachtet ist, plötzlich krank wird und erfährt, dass sie nun von allen »gesehen« wird, gewinnt die Krankheit an Vorteil.

Eine Rollenumkehr in der Kindheit ist immer unbefriedigend. Ein Kind ist ein Kind und die Mutter ist eben die Mutter. Punkt. Da gibt es nichts zu rütteln. Aber natürlich gibt es auch bei den Großen, bei Mutter und Vater, Situationen im Leben, mit denen sie überfordert sind. Eine belastende, weil zu verantwortungsvolle Rollenumkehr entsteht immer, wenn z. B. die Mutter in eine Krisensituationen gerät, krank wird, Trennung erfährt oder Probleme am Arbeitsplatz hat. Die Mutter tut dann gut daran, sich Unterstützung von außen zu holen und sich nicht dem Kind zu überlassen, mit ihm zu diskutieren oder Probleme zu wälzen. Das ist natürlich leichter geschrieben als in der Praxis getan. Denn wenn eine Mutter ohne Partner ist, dann bezieht sie den kleinen Jungen unter der Rubrik »Liebe« mit ein.

Die rollentechnische Überlastung wird zudem von Jungen als ehrenwert gerne angenommen. Denn wenn der Vater in weiter Ferne ist, egal ob durch Arbeit oder grundsätzliche Abwesenheit, fühlt sich der kleine Junge auf eine neue Art geehrt und gewürdigt. Das gefällt dem kleinen Mann und verführt ihn. Doch dass er das Gewicht der Verantwortung nicht tragen kann, wird ihm erst viel später auffallen. Als Erwachsene haben wir Männer uns oft daran gewöhnt, die Last anderer zu tragen, um endlich Ruhe zu haben. Das schafft genau die Distanz, die wir uns eben nicht wünschen. Nähe bleibt ungelebt.

Emotionaler Missbrauch: »Mutter, warum hätte ich ein Mädchen sein sollen?«

»Es geht immer bis zu einem bestimmten Punkt und dann breche ich Beziehungen ab oder gebe Arbeitsverhältnisse auf!« Mit diesem Problem kam Martin zu uns ins Coaching. Er war verzweifelt, weil er wohl sein Muster erkannte, aber die Hintergründe nicht verifizieren konnte. Jedes Mal, wenn eine Beziehung besonders zu gelingen begann, fühlte er den Drang, sie zu beenden. Als er den Schritt zur Heirat wagte, startete er gleichzeitig gemeinsam mit seiner neuen Liebe eine große Unternehmung, die im sozialen Bereich für andere Gutes bringen sollte. Doch auch diese Beziehung scheiterte. Martins Grund dafür nach eigenen Angaben: »Wir haben so viele Emotionen in die Unternehmung gesteckt, dass für uns selbst, unsere Beziehungen und unsere Liebe nichts mehr übrig blieb.« Das machte Martin sehr traurig, denn damit zerstörte er sich seine berufliche Erfüllung, sozial zu arbeiten.

In einer rückführenden Visualisierung im Rahmen unseres Coachings stießen wir auf die Ursache dieser Nähe-Vermeidungs-Strategie. Seine Mutter wiederholte immer wieder – ob Martin es hören wollte oder nicht – aus dem »Projekt Martin« hätte eigentlich eine Martina werden sollen. Der Mutter wäre ein Mädchen viel lieber, weil in ihren Augen pflegeleichter, gewesen. Diese unangenehme Affirmation wiederholte die Mutter über Jahre hinweg, Martin sprach von tausenden von Malen.

Solche, für eine liebende Mutter eigentlich nicht »meldepflichtige Berichterstattung«, die aus einer Nichterfüllung eigener Wünsche resultiert, ist nicht nur Gift für die Kinderseele, sondern der pure psychische Missbrauch an einem kleinen Jungen. Die nicht erfüllte Idealvorstellung einer Mutter, die sich auf ein

Mädchen freut und dabei den natürlichen Schöpfergedanken und die Dankbarkeit für eine gesunde Geburt außer Acht lässt, wird dem Jungen übergestülpt. Verbal und nonverbal erfährt dann der Junge über Jahre, dass er nicht in Ordnung ist und seine Nähe eigentlich nicht gewünscht wird. Das schädigt die kleine, junge Seele auf das Äußerste. Martin wurde somit in dem tiefen inneren Glauben erzogen, dass er eigentlich nicht wirklich dazugehört. Dies war deutlich zu bemerken, als wir den nachfolgenden Lösungssatz miteinander erarbeiteten. Obwohl Martin ein gefestigter, erwachsener Mann mit klaren Gedanken ist, hat ihn dieser Satz über alle Maßen berührt:

Der Satz, der entbindet: »Ich gehöre dazu!«

Vielen unter uns wird später einmal erzählt, dass wir nicht erwünscht waren ... aber heute sei das ja ganz anders. Wirklich? Die Information, nicht gewollt (gewesen) zu sein, ein »Unfall«, die Eltern in irgendeiner Form zu belasten oder gar zu stören, bringt uns in große Zweifel an der eigenen Lebenserlaubnis. Die krasse Information lautet: »Du bist nicht gewollt und deshalb gibt es für dich auch keine Existenzberechtigung!« Der Kampf des Lebens beginnt und mag nicht enden. Wir Männer werden dann zu Kampfmaschinen, erfolgreich kampferprobt, aber fremdgesteuert.
Ähnlich unverhältnismäßig harte Berichte erfahren Männer, wenn sie zu hören bekommen, dass sie besser ein Mädchen hätten sein sollen, weil es zum Beispiel schon Söhne in der Familie gab und nicht noch weitere erwünscht waren. Wie müssen wir Männer uns da fühlen? Bin ich als Mann (einer) zu viel?
Von einem Klienten habe ich einmal erfahren, dass der Vater ihn anstelle von Ulli immer Ute genannt hat, weil er sich so sehr ein Mädchen gewünscht hatte. Um dies zusätzlich zu unterstützen, hatte Ulli »Ute« auch immer schöne lange Haare. Dies fiel

zwar in den 1970ern nicht wirklich auf, dennoch handelt es sich auch hier um psychischen Missbrauch an einem kleinen Sohn.

Weitere Formen emotionalen Missbrauchs:
Jungen werden gegen ihren Willen (öffentlich) geküsst oder zu Körperkontakt gezwungen.
Der Junge muss gegen seinen Willen im Bett der Mutter schlafen.
Jungen werden gegen den Vater aufgehetzt.
Eine positive Beziehung zum Vater wird verhindert oder erschwert.
Der Junge wird für die Belange der Mutter (möglicherweise auch vor Gericht) instrumentalisiert.
Jungen werden öffentlich erniedrigt oder es wird sich über sie lustig gemacht.
Der Junge wird abhängig gemacht.
Dem Jungen wird die väterliche Entscheidungsgewalt übertragen.
Der Junge wird gefügig gemacht: Liebes- oder Nahrungsentzug, Einsperren.

Die Folgen emotionalen Missbrauchs sind zwangsläufig ein gestörtes Verhältnis zur Männlichkeit und spätere unglückliche Liebesbeziehungen. Schlechtes Gewissen und Schuldgefühle gegenüber der späteren Partnerin sind dabei noch die geringsten Auswirkungen. Betroffene Männer möchten entweder engsten (mütterlichen) symbiotischen Kontakt mit der Partnerin oder gehen deutlich auf Distanz, obwohl sie sich Nähe wünschen. Oftmals werden sie sogar in der Öffentlichkeit von ihren Partnerinnen erniedrigt und bleiben damit in Resonanz mit dem ehemals traumatisierenden Ereignis mit der Mutter und dieser damit treu verbunden.

Übergriffige Mutter: »Mutter, dein Glaube ist auch meiner!«

Horst berichtete mir in unserem ersten Gespräch, dass er eine sehr dominante Frau habe. Teilweise werde sie auch gewalttätig. Sie hatten bereits drei Kinder, seine Frau jedoch wollte noch mehr Kinder haben. Horst hatte immer das Gefühl, in irgendeiner Form »fremdgesteuert« zu sein. In unserer Coaching-Recherche fiel auf, dass seine Mutter einer sehr dogmatischen Glaubensgemeinschaft anhing und diese das Weltbild von Mutter und Sohn über alle Maßen bestimmte. Hier gab es klare Regeln, die einer höheren Idee dienlich sein sollten und nur im eigenen Verzicht zu realisieren waren.
Sexualität war schmutzig, Selbstbefriedigung war ein Tabu. Dass die Mutter unter diesem selbstauferlegten Dogmatismus selbst litt, fiel ihr nicht auf. Horst spürte diesen schmalen Grat der Selbstaufgabe und Opferung und versuchte der Mutter alles abzunehmen. Er berichtete immer wieder, dass er, um seiner Mutter gerecht zu werden, selten gespielt hatte, im Grunde hatte er zu Gunsten des Glaubens auf seine Kindheit verzichtet. Der Vater war zwar körperlich anwesend, doch wurde ihm keine größere Bedeutung beigemessen, denn das Männliche wurde von der Mutter und der weiblichen Seite der Familie von jeher kategorisch abgewertet. Es barg in Mutters Glauben so viel »Schmutziges« in sich, dass es in ihrer Glaubensidee keinen Platz fand. Somit fühlte sich Horst auch zum Zeitpunkt unseres Gesprächs noch immer schwach und unmännlich. Sein eigener Körper war ihm fremd, bei den seltenen Sexualkontakten dachte er immer wieder an die Worte seiner Mutter.

Als Horst seine Frau kennenlernte und in sein eigenes Leben gehen wollte, gab es große Streitgespräche mit seiner Mutter. Dieser Disput ging Horst so unter die Haut, dass er nach der Heirat schwere Prostataprobleme bekam.

Prostataprobleme: Wir glauben dem Weiblichen nicht gerecht werden zu können!

Da er mit dem mütterlichen Dogmatismus aus der Kindheit in Resonanz stand, versagte Horst sich auch erfüllte berufliche Beziehungen. Man verwehrte ihm Aufstiegsmöglichkeiten und bei einem privaten Disput wurde sein Gegenüber so übergriffig, dass es sogar zu körperlicher Gewalt gegen Horst kam.

In unserer gemeinsamen Arbeit fanden wir heraus, dass Horst sein persönlicher christlicher Glaube über alle Maßen wichtig ist. Darüber kam er auch in Frieden mit seiner Mutter. Doch er wollte seinen eigenen und für ihn undogmatischen Glauben auf seine Weise leben dürfen, damit er frei sein konnte. Nach der rituellen Entbindung von seiner Mutter beschloss er, trotz seines Alters Theologie zu studieren. Heute führt er eine gute Beziehung mit seiner Frau und den drei Kindern, ist der christlichen Kirche beigetreten und führt dort einen neuen Beruf aus, der ihm wirklich entspricht und sein Leben gelingen lässt.

Die Sätze, die entbinden:
»Mutter, ich glaube. An mich!«
»Ich trage meinen Glauben, der mich stärkt!«
»Ich bin frei!«

Oftmals ist es auch der übersteigerte Anspruch der Mutter, aus dem Sohn etwas ganz »Großes« machen zu wollen. Manches Mal auch gerade, um dem Vater zu zeigen, dass etwas aus dem Sohn geworden ist – auch ohne das Zutun des Vaters! Plötzlich werden Karrieren angestrebt, die sich eigentlich die Mutter gewünscht hätte. Solch ehrgeizige Mütter und Eltern gibt es überall. Der Stargeiger David Garrett sprach vor einiger Zeit in einer Talkshowrunde offen darüber, wie er seine eigene Kindheit empfand. Ein goldener Käfig, gespickt mit vielen Proben und Konzerten, oftmals ohne Kontakt zu Gleichaltrigen, weil es seine Eltern so entschieden hatten. Er empfand dies aus heutiger Sicht nicht als schlecht, hatte aber – so sagte er – keine wirklich andere Wahl. Der Erfolg mag Mutter und/oder Vater Recht geben, aber die Frage, wie glücklich David Garrett ist, kann nur er selbst beantworten.

Aufträge unserer Ahnen.

Die Ahnengalerie in uns spielt eine wichtige Rolle. »Aufträge« zum Erfolg, die gerade wir Männer so gerne annehmen, stammen oftmals aus der langen Tradition einer Familie. Die Eltern schon haben den Druck der Verpflichtung verinnerlicht, können gar nicht mehr unterscheiden, was ihr eigener Auftrag und was der ihres Sohnes ist. Manche Familien erleben dadurch ihre einzige Existenzberechtigung, wie Artisten im Zirkus. Ohne diese Verbindung würde die gesamte verbindende Tradition nicht mehr existieren. Man kann sich den Druck leibhaftig vorstellen, wollte dort ein Junge ausbrechen.

Delegation: »Mutter meint es doch nur gut! Auch über den Tod hinaus ...«

Ralf ist ein erfolgreicher Unternehmer im Handwerk. Er kommt zu mir, weil er an sich festgestellt hat, dass ihm im Leben nichts und niemand mehr genügen kann. Seine Ehefrau zeigt ihm immer wieder auf, wie aggressiv er im Betrieb ist und wie er einen Mitarbeiter nach dem anderen verliert. Ralf ist verzweifelt: »Ich meine es doch nur gut und will es zum Besten und zum Wohl aller machen!« Er berichtet von sich, außergewöhnlich kundenorientiert zu sein. Dieser Druck frisst ihn aber nun förmlich auf. Die Mitarbeiter sehen das mittlerweile ganz anders, sie beklagen, dass man dem Chef nichts mehr rechtmachen kann.

Zur Historie: Ralf, heute fünfzig Jahre alt, verlor seinen Vater bei einem tragischen Autounfall, als er zwanzig Jahre alt war. Fortan stand er der Mutter zur Seite und hat damit auch und gerade das Finanzielle geregelt. Sofort nach dem plötzlichen Tod seines Vaters übernahm er den Betrieb in jungen Jahren. Es war der ausdrückliche Wunsch seiner Mutter. Das Erbe sollte weiter getragen werden, denn der Betrieb wurde schon von ihrem Großvater gegründet. Nach einiger Zeit unserer gemeinsamen Arbeit erkennt er, dass dies für ihn viel zu bald war! Viel zu früh hat er große Verantwortung übernehmen und im Sinne und auf Wunsch der Mutter handeln müssen, auch wenn diese glaubte, ihm mit der Position als Geschäftsführer des Betriebs etwas Gutes zu tun. Der Vater fehlt ihm noch heute! Wenn er über ihn spricht, hat er Tränen in den Augen. Auch körperlich sieht man Ralf diese Last bereits an: Er geht gebückt und wirkt grobmotorisch. Noch heute glaubt er, seiner Mutter beistehen zu müssen, weil sie sonst nicht überleben können würde.

In unserer gemeinsamen Arbeit, in der Ralf seiner Mutter diese Last wieder zurückgeben kann, spürt er seit langen Jahren erstmals körperliche Erleichterung. In kürzester Zeit veränderte sich auch seine Körperhaltung, er richtet sich förmlich auf. Auch nach unserem Coaching spricht er davon, dass er sich innerlich aufgerichtet fühlt. Eine zusätzliche Veränderung wird herbeigeführt, indem er endlich und erstmalig seine Wut gegenüber dem Vater, der viel zu früh gegangen ist, ausdrücken darf. Zuerst zeigt er sich beschämt, so eine »Anklage« auszusprechen, denn der Vater konnte doch nichts für diesen Unfall. Dann macht sich Erleichterung breit, Ballast fällt ab.

Auch wenn der Vater natürlich faktisch nichts dafür kann, auf so tragische Art und Weise ums Leben zu kommen, entsteht bei uns Kindern auch immer eine Wut über das zu frühe Ableben. Gerade auch bei *Suizid*. Aus Scham und moralischen Aspekten sprechen wir diese Wut jedoch nicht an oder gar für andere hörbar aus. Doch wie schon erwähnt, benötigt das Ausdruck, was uns schwer beeindruckt! Wenn wir Männer, die immer stark sein müssen, diesen Schmerz und diese Wut nicht ausdrücken, wird etwas in uns in »emotionale Schieflage« kommen. So ist das ganz bewusste Ausdrücken dieser Wut ein heilsamer Vorgang.

Die Sätze, die entbinden:
»Mutter, es ist genug, ich trage es jetzt nicht mehr!«
»Du übernimmst deine Verantwortung, ich meine!«
»Mutter, ich achte dein Schicksal und lebe meines!«

»Mein Sohn soll es doch einmal besser haben als ich!«, höre ich oft von Müttern, die unterprivilegiert waren, ihr Leben nicht so leben konnten, wie sie es sich selbst gewünscht hätten. Dann möchten sie gerade ihren Söhnen eine bessere Chance einräumen und ihnen nur das Beste ermöglichen. Das ist liebevoll gemeint, kann aber zur großen Belastung werden. Denn die Botschaft darin ist: »Ich hatte es nicht gut, du hast es besser!« Damit wird aus der bei der Geburt gekappten Nabelschnur später ein großer Fallstrick in unserer erwachsenen Beziehung zur Mutter. Wenn ich mein Leben selbst gestalten möchte und nicht den Traum meiner Mutter von einem schönen Idealleben, fühle ich mich schuldig. Denn verdammt, ich habe es ja besser! Das erdrückt unser Männerherz. Die Idee und Hilfestellung, dass uns die Mutter, die vielleicht auch vom Vater enttäuscht ist, der ebenfalls nicht ihrem Ideal entspricht, manches ersparen möchte, erleichtert uns gar nichts.

Wir leben Mutters Traum und vergessen unseren eigenen!

Wir glauben dann einen Lebensauftrag der Mutter erfüllen zu müssen und vergessen dabei unser eigenes Leben. Es passiert genau das, was die Mutter eigentlich vermeiden wollte und sollte. Und es kommt noch bitterer: Da die Mutter so gut zu uns war, können wir nie widersprechen, denn sie hatte es ja selbst so schlecht und wir dafür umso besser! Oftmals bleibt diese ungeschriebene Delegation über den Tod der Mutter hinaus in Form eines inneren Kritikers und Zweiflers in uns erhalten. Eigentlich müssten wir die Mutter für diese übertriebene Fürsorge anklagen, weil sie sich schuldig gemacht hat und in unser Leben über alle Maßen eingegriffen hat. Doch in der Realität erlebe ich immer wieder Männer, die ihre Mutter in Schutz nehmen und glauben, gerade ihre Mutter wäre das leidvolle Opfer.

Wir Männer müssen endlich dem Schmerz des vermeintlichen Verlustes von Behütung und Mutterliebe Raum geben. Der Enttäuschung über unser eigen Fleisch und Blut ins Auge sehen, um damit der Täuschung ein Ende zu bereiten. Doch oftmals ist uns der Preis zu hoch. Wir haben Angst, ganz alleine dazustehen, wenn wir die »Versorgungsleitung« zur Mutter kappen.

Wie stehen Sie dazu?
Trauen Sie sich mit Ihrer Mutter ins Gericht zu gehen?

Rabenmutter: »Mutter lebt in Kanada!«

Peter war ein erfolgreicher Geschäftsmann. Seine Beziehungen waren immer von großer Eroberungskraft geprägt. Nur waren es im Laufe der Jahre, Peter ist 50, dann doch zu viele gewesen. Vieles wiederholte sich und immer wenn Partnerinnen den nächsten Schritt gehen und Peter heiraten wollten, brach er die Beziehung ab. Er sprach von sich selbst wie von einem Ritter, der von Dorf zu Dorf reiten und immer wieder die hübschen Frauen retten und auf den rechten Weg – den er für sie kannte – bringen muss. Doch nie konnte er wirklich treu bleiben, weil er bereits einer Frau auf Leben und Tod verpflichtet war: seiner Mutter. Er dachte lange Jahrzehnte, sie sei bei seiner Geburt verstorben.

Unsere Geburt ist – ich hatte es schon eingangs erwähnt – keine Entbindung, sondern eine Verpflichtung ob des großen Geschenks des Lebens. Diese Verpflichtung ist auch eine Art »Lebensschuld«. Stirbt die Mutter bei der eigenen Geburt, dann wird diese Schuld noch größer, sie wird zur »Überlebensschuld«.

Er erfuhr nun, dass seine Mutter gar nicht verstorben war, sondern sofort nach seiner Geburt nach Kanada ausgewandert war und Peters Erziehung der eigenen Mutter, also seiner Großmutter, überlassen hatte. Die Schuld, die Peter nun fühlte, war unermesslich groß. War seine Mutter seinetwegen ausgewandert? Mit dem Tod hatte er sich arrangiert, doch mit einer Flucht der Mutter? »Wenn du ein Braver, Guter gewesen wärst …?« Dieser noch nie ausgesprochene Satz kreiste fortan in seinem Kopf. Was wäre anders gewesen? Hätte er etwas ändern können?

Wir Menschen neigen dazu, die Schuld für etwas lang Zurückliegendes bei uns selbst zu suchen. Weil wir nahezu um jeden Preis dazugehören wollen, setzt sich unser Unbewusstes nur ungern mit ehemaligen Fehlentscheidungen von Mutter und Vater auseinander. Unsere Kinderseele will erst einmal nichts Schlechtes von Mutter und Vater annehmen und deshalb denken wir in erster Linie, wir selbst seien es, die nicht in Ordnung sind – obwohl es unsere Eltern sind, die Unordnung ins Familiensystem gebracht haben.

Und genau deshalb erzählen wir uns unsere *eigenen* Geschichten der Familienhistorie, zimmern uns unsere Lebenslügen zurecht, die hinter späteren Fassaden der Männlichkeit und Allwissenheit schön sauber versteckt werden. Dabei leiden wir, weil wir schwache und bedürftige Seiten in uns unterdrücken. Deshalb hilft Peter auch immer schwachen und hilfsbedürftigen Frauen, erlebt damit seine eigene Schattenseite und kann sie zumindest im Außen bearbeiten – er selbst wird dann vom Schicksal anderer berührt, sein eigenes bleibt dabei »unterbelichtet«. Jedoch verweigert er sich, wie viele Männer, mit der Nichtannahme einer Partnerin, sein Leben glücklich zu leben.

»Bitte nicht stören!«

Das könnte ein Türschild auf dem Haus seiner Persönlichkeit sein. Das Gefühl »Ich störe!«, »Ich muss still sein!« hat nicht nur Peter verinnerlicht, auch viele andere Männer leiden darunter. Die Tragik daran ist, dass sie sich auch mit dieser Haltung an der wahren Lebenserfüllung hindern. Denn sie laufen der Mutter ein Leben lang hinterher, kommen nicht weg vom Rockzipfel der Frau, die sie so vernachlässigt hat. Doch wir Kinder, wir Jungen können und möchten diese Abgewandtheit der Mutter nicht glauben. Kann das wirklich wahr sein? Es darf doch nicht wahr sein!

Fakt ist, dass ich in meiner langjährigen Tätigkeit durchaus häufiger erlebe, dass die Liebe von Mutter zu Kind tatsächlich verebben kann. Die Liebe vom Kind, vom Jungen zur Mutter wird nie erlöschen! Ein Kind bleibt immer gebunden, bis es sich – im besten Falle – als Erwachsener nach der Adoleszenz faktisch und bewusst entbindet.

Die Sätze, die entbinden:
»Mutter, ich danke dir für mein Leben!«
»Es ist genug, ich akzeptiere!«

Mutter und Vater sind o. k.

Es geht hier nicht um eine Anleitung für Erwachsene, die zur Erziehung der eigenen Eltern beitragen soll. Das Buch soll uns Männern zeigen, dass wir wohl höchst unterschiedlich und individuell sind, aber oftmals die gleiche Ausgangssituation und somit die gleiche Lebensproblematik haben. Meiner Auffassung nach ist die größte Aufgabe unseres Lebens, ein selbstbestimmter, sich selbst bewusster Mann zu werden und ein Leben zu führen, in dem wir alle unsere Möglichkeiten ausschöpfen und gleichzeitig etwas Sinnvolles weitergeben. Sind wir dem Kindlichen verhaftet und somit über alle Maßen an unsere Mutter gebunden, wird uns dies nicht gelingen. Dann findet der Tanz unseres Lebens, also die eigene Bewegung mit der Bewegung anderer, mit der Mutter statt und hält uns von einem eigenständigen Leben fern. Beide Seiten erleben dann ein abhängiges, nicht erfülltes und unfreies Leben.

»Wenn Mutter und Vater es wirklich gewollt hätten, dann hätten sie es anders machen können!« Wirklich? Richten wir den Blick einmal weg von unseren Eltern, hin zu uns selbst. Ein chinesisches Sprichwort besagt so trefflich, »Wenn du mit einem Finger auf andere zeigst, richten sich drei (deiner eigenen Finger) auf dich!« Mal ehrlich, wie steht es denn bei uns selbst mit dem Wollen und Können? Schaffen Sie immer alles, was Sie wollen? Liegt es wirklich an meinem Willen oder gibt es da andere Einflussfaktoren? Selbstverständlich gibt es die! Mit diesem Buch sind wir auf dem Weg zu Ihrer ganz persönlichen Ordnung Ihrer Familie, Ihrer Seele, Ihres Männerherzens. Und damit auf dem Weg zu Ihrer ganz eigenen und persönlichen Befreiung durch zwei wirkungsvolle Schritte:

Entbindung von Ihrer Mutter und Anerkennung Ihres Vaters.

Dies hätte auch Ihrer Mutter und Ihrem Vater gut getan! Auch sie haben Mutter und Vater und auch diese wiederum Mutter und Vater. Ahnen haben Wirkung, auch auf Ihre Eltern. Familienenergie und alle Annahmen und Glaubenssätze, die damit zusammenhängen, können energetisch bis zu drei Generationen weiter getragen werden. Wie stand es dort um Verletzungen? Wie haben die »In-FORM-ationen« der Kriegskinder und die Kinder der Kriegskinder deren Leben »in Form gebracht«? Was ist davon abgespeichert in Ihrem ganz persönlichen »Sippengedächtnis«?

Sie sind sich Ihrer eigenen Lebensgestaltung bewusst und holen sich Unterstützung, wie dieses Buch. Doch unseren Eltern standen diese Hilfen nicht zur Verfügung. Das ist natürlich keine Entschuldigung für Missetaten. Doch vor welchem Hintergrund stellen wir an Mutter und Vater solche hohen moralischen Anforderungen? Werden wir unseren Kindern, unseren Freunden und unseren Partnern auch auf eine Weise gerecht, wie wir es genau so wirklich wollen und auch von unseren Eltern erwartet haben? Oder bleiben auch wir manches schuldig, so wie auch unsere Eltern?

Haben Sie schon einmal darüber nachgedacht, was Ihre Kinder einmal über Sie sagen könnten?

Diese Frage ist höchst interessant, ganz unabhängig davon, ob Sie Nachwuchs haben oder nicht. Die Frage aus dem Schaukelstuhl der Verantwortungslosigkeit zu stellen, was unsere Eltern so alles falsch gemacht haben und was sie alles besser hätten machen können, ist also nicht wirklich zielführend. Diese Betrachtungsweise hindert uns nur daran, zu einem freundlichen und friedlichen Umgang mit ihnen zu kommen. Es ist ein kalter Krieg, der von keinem der Beteiligten gewonnen werden kann, sondern nur Missstimmung erzeugt.

Es ist also nicht die Tatsache, wie alles wirklich war, sondern vielmehr die Überlegung, welche Geschichte wir selbst aus der Historie unserer Erlebnisse geschrieben haben und was in uns heute zur *Wirkung* kommt. Wir sollten uns also von alten Überzeugungen, abgegriffenen Glaubenssätzen lösen.

Das ist alleine Ihre ganz eigene Verantwortung.

Ihre Eltern werden Ihnen dabei nicht helfen können. Wenn Sie nun glauben, Sie seien doch den Gedanken und Gefühlen ausgeliefert und könnten das nicht ohne das Zutun und die aktive Einwilligung Ihrer Eltern verändern, widersprechen Sie meinen aus über einem Jahrzehnt mitgebrachten Erfahrungen und stricken sich schon wieder einen neuen hinderlichen Glaubenssatz.

Moderne Eltern werden angehalten, zu Ihren Kindern eine *Beziehung* aufzunehmen und weniger Erziehung walten zu lassen. In Beziehung zu leben bedeutet soziale Interaktion im Miteinander. Erziehung ist lediglich die Demonstration von Normen und Übungen, um Lebenskompetenz zu vermitteln. Davon können wir heute lernen. Sehen also auch Sie Ihre Erziehung in der Retrospektive und erkennen die Wirkung auf sich. Und dann treten Sie mit Ihren Eltern in eine neue Form der Beziehung. Diese können Sie noch heute gestalten. Durch Ihre Haltung – und das nach Männer-Herzenslust.

Ihre Eltern haben es so gut gemacht, wie sie es konnten. Das ändert aber nichts daran, dass Sie jetzt etwas für sich tun müssen!

»Ich achte euer Schicksal … meines noch mehr!«

Kapitel III

Wie wir Männer unser Glück finden

Verabschiedung aus der Kindrolle

Zeit für mich selbst.
Zeit, meine Gefühle zu fühlen.
Zeit, auf mein Herz zu hören.
Zeit, mich wieder zu finden.
Zeit, mich nicht zu vergessen.

Es dürfen Momente in Ihr Leben Einzug halten, in denen es nichts zu wollen, zu machen, zu wünschen und zu erfüllen gilt. Momente ganz mit Ihnen. Und es sind Momente, vor denen Männer sich am meisten fürchten.

Deshalb sind nachfolgenden Fragen *im ersten Teil des Kapitels* entstanden.
Unvollständig, weil nichts vollständig sein muss.
Berührend, weil es oftmals Worte sind, die verletzen, aber auch heilen.
Erweiternd, weil wir uns oftmals eng denken.
Befreiend, weil passende Worte so guttun können.
Und nun lade ich Sie ein, sich wirklich die Zeit zu nehmen, ganz bei sich zu sein und diese Fragen nicht nur zu lesen, sondern zu fühlen. Es lohnt sich. Wie immer, wenn wir beginnen, etwas für uns zu tun.
Im *zweiten Teil dieses Kapitels* finden Sie Sätze, die Ihnen möglicherweise gesagt worden sind, ohne dass Sie danach gefragt haben. Wenn Sie davon nur ein einziger Satz trifft, setzt auch hier ein Heilungsprozess ein.

Fragen, die Sie sich stellen sollten, um mehr über sich als Mann zu erfahren

Wie hoch ist Ihre Anstrengungsbereitschaft, Ihre Männlichkeit neu zu erleben und wirklich zu leben?

Auf wen können Sie sich im Leben am meisten verlassen?

Was ist die stabilste Beziehung in Ihrem Leben?

Was sind die Wurzeln einer guten Partnerschaft?

Wenn Sie an etwas zweifeln, an wen denken Sie da am meisten? Wer aus der Familie teilt(e) Ihre Zweifel?

Welcher Rückenwind kommt von wem aus der Familie?

Welche Begegnungen mit anderen Menschen haben Sie nachhaltig geprägt?
Waren diese eher mit Männern oder mit Frauen?

Welche Ihrer wertvollsten Überzeugungen werden oder würden Ihre Kinder weiter tragen?

Was würden Sie anders machen, wenn Sie die Uhr zwanzig Jahre zurückdrehen könnten?

Wann haben Sie das letzte Mal geweint?

Wovon träumen Sie in Tagträumen?

Welcher Duft eines Parfums (Mutter) oder Rasierwassers (Vater) gehört zu Ihrer Kindheit?

Welches ist Ihr Lieblingsfoto aus der Kindheit?

Was war Ihr Lieblingsspielzeug?

Von wem haben Sie es bekommen?

Wer war der Lieblingsheld in Ihrer Kindheit?

Was war Ihr größter Traum als Junge?

Was ist Ihre größte Qualität, die Sie aus der Kindheit mit ins Erwachsenenleben genommen haben?

Wem standen Sie näher? Mutter? Vater?

Haben Sie Freude daran, sich selbst zu befriedigen?
An wen denken Sie dabei? An Ihre Partnerin oder haben Sie sexuelle Fantasien, die Sie nicht leben können?

Wer ist dominanter in der Sexualität? Sie oder Ihre Partnerin?

Würden Sie Partnerschaftskontakte per Internet-Partnerbörse pflegen?
Wenn ja, warum? Gefällt Ihnen z. B. die Anonymität?

Wovor fürchten Sie sich am meisten in Ihrem Leben?

Worauf haben Sie die meiste Lust?

Was würden Sie gerne mit Ihrer Partnerin erleben?

Sätze, die Jungen zu hören bekamen, und was daraus für Männer entstehen kann

Mutter: »Hör doch endlich (ein)mal auf uns!«
Glaubenssatz als Erwachsener: Ich mache es nicht richtig.

Mutter: »Was soll das?«
Glaubenssatz als Erwachsener: Ich muss mich verbiegen.

Mutter: »Du musst …!«
Glaubenssatz als Erwachsener: Ich bin der Arsch vom Dienst.

Mutter: »Du musst viel Geld verdienen!«
Glaubenssatz als Erwachsener: Geld ist der Mittelpunkt meines Seins.

Mutter: »Du musst dein Studium abschließen!«
Glaubenssatz als Erwachsener: Es ist nie genug.

Mutter: »Du musst dich kümmern. Um alle!«
Glaubenssatz als Erwachsener: Ich alleine muss die Verantwortung tragen.

Mutter: »Du machst das, was wir wollen!«
Glaubenssatz als Erwachsener: Ich muss mich aufgeben.

Mutter: »Dir geht es zu gut!«
Glaubenssatz als Erwachsener: Wenn ich mache, was mir Spaß macht, kann ich meine Familie nicht ernähren.

Mutter: »Was sollen die anderen denken?«
Glaubenssatz als Erwachsener: Ich muss darauf achten, immer gut dazustehen.

Auch Männer können Entbindung

Wenn wir Umstände erfahren, in denen wir solche Sätze zu hören bekommen – und jeder von uns kennt sie – stellt sich die Frage, warum wir die Verbindung zu den Eltern nicht lösen können. Denn wenn wir im Bekanntenkreis oder in der Arbeitsstätte solche einseitigen oder unbefriedigenden und belastenden Erfahrungen ertragen müssten, würden wir doch einfach einen Schlussstrich ziehen. Warum nicht bei den Eltern?

Immer das Kind sein – es wird sich nicht ändern – kann aus verschiedenen Gründen unentspannt sein, weil wir doch so gern erwachsen sein wollen. Doch das hat einen Preis.

Das Alleinsein ist der Preis für das Erwachsenwerden!

Und wer möchte schon wirklich alleine sein? Die Bindung an unsere Mutter hat also auch einen sehr bequemen Aspekt. Mutterbindung hat etwas mit Geborgenheit, Zugehörigkeit und Abgabe von Verantwortung zu tun. Alles im Unbewussten. Bewusst geht uns die Mutter oftmals unbändig auf die Nerven. Vielen von uns gelingt es genau deshalb nicht, eine wirklich erwachsene Haltung zur Mutter zu bekommen. Wir sind nicht souverän und freundlich, sondern eher aggressiv, vorwurfsvoll und kurz angebunden.

Grund dafür ist, dass wir uns noch nicht wirklich von unserer Mutter abgenabelt haben. Das Bedürfnis nach Anerkennung und Lob von der Mutter, der große Wunsch, sie solle sich doch für unser Leben interessieren, ist Ausdruck von einer nicht stattgefunden Ablösung. Das bindet uns mehr als uns lieb ist.

Auf der anderen Seite treibt uns eben die andere große Kraft an, die unbewusst in uns allen schlummert. Eben der große Wunsch nach *Zugehörigkeit*! Es ist für uns schier unerträglich, nicht mit dabeisein zu dürfen. Auch Jugendliche, die sich bewusst anders kleiden, sind in der eigenen Gruppe dann doch wieder so gekleidet wie die anderen: Zugehörigkeit. Jeder durchschnittliche Manager gehört Kraft seiner »Uniform« zu denjenigen, die das Sagen haben wollen: grauer oder blauer Anzug, helles Hemd, dunkle Krawatte.

Mit der echten Abnabelung von der Mutter haben wir tief in uns die Angst, unsere Zugehörigkeit zu ihr verlieren zu müssen. Das widerstrebt uns natürlich. Doch um ein Leben in Frieden zu führen, ein Mann in einer Partnerschaft zu sein, ein Vater in einer eigenen neuen Familie zu werden, werde ich diesen Preis zahlen müssen. Und wir können diese Kräfte in uns spüren, wenn wir genau hier zwei ganz vitale Strebungen erleben: den Zorn gegen die Mutter, die Kraft für die Ablösung und den tiefen Wunsch, die Mutter nicht verlieren zu dürfen, um weiterhin dazuzugehören.

Der Lohn wäre fett, doch wir erkennen ihn noch nicht.

Bin ich wirklich entbunden, kann ich mir in wirksamer Weise Respekt bei meiner Mutter und im besten Falle auch bei meinem Vater verschaffen. Ich bin nicht mehr auf das Wohlwollen meiner Eltern angewiesen und somit auch nicht mehr für deren Wohlbefinden verantwortlich.

Natürlich erscheint es erst einmal schwierig, sich zur rechten Zeit in angemessener Weise abzunabeln, sich wirklich zu entbinden. Es fehlen die äußeren Abnabelungsrituale von den Eltern, wie sie Naturvölker schon immer pflegen. Um in einer erwachsenen Weise zu agieren, ist es jedoch unerlässlich, sich von den Eltern zu »verabschieden« und klare Grenzen zu ziehen. Ich wünsche Ihnen deshalb, lieber Leser, dass dies keine lebenslange Aufgabe in Ihrem Leben wird.

Manchen unter uns widerstrebt diese Entbindung von der Mutter. Denn es scheint noch immer lukrativer in einem »ungebrochenen« Verhältnis zur Mutter Kind zu bleiben, der kleine Junge zu sein, den Mutti sich immer wünschte. Für diese Männer ist dies meist in Ordnung, aber nicht für deren Frauen: der immerwährende Sohn, der täglich bei der Mutter vorbeischauen muss; Gründe gibt es immer. Wenn immer wieder an die Mutter berichtet wird, egal, wo ich gerade mit meiner Frau unterwegs bin. Wenn der Mann immer zur Mutter fährt, wenn es mit der Partnerin Stress gibt, und dann von Mutter verhätschelt wird. Der mehrfache Box-Weltmeister René Weller hat einmal in einer Dokumentation über sich selbst vollmundig gesagt, dass seine Mutter immer die beste aller Frauen war und ist. »Und wenn es Stress mit der Freundin gibt, dann gibt es bei Mutti immer das beste Essen!«

Der Lohn einer Veränderung wäre
Respekt zu erhalten.
Wertschätzung anderen gegenüber und Ihnen selbst gegenüber.
Selbstwert, weil Sie dann wissen, wer Sie sind.
Entlastung, weil Sie Verantwortung abgeben können.

Jeder von uns muss selbst entscheiden, ob er das möchte und damit zum ganzen Mann werden will. Viele unter uns spüren auch, dass eine nächste Entwicklungsstufe nötig wäre, finden aber viele Gegenargumente. Gerald Hüther hat den Begriff »Veränderungsverhinderungsargumente« kreiert.

Denn eigentlich wollen viele Männer gar nicht erwachsen werden!

Ein Freund hat einmal, als er auf eine Feier eingeladen wurde, gesagt: »Da gehe ich nicht hin, da gibt es so viele Erwachsene!«

Er ist 53 Jahre alt – ein Freud'scher Versprecher, der tief blicken lässt. Ja, so sind wir Männer oft und bemerken es nicht einmal! Der tiefliegende Grund ist Angst vor dem Neuen, Aufgabe der vermeintlichen Sicherheit. Doch damit beschneiden wir uns in unserem eigenen Leben. Wir leben ein Männerleben auf Sparflamme und verleugnen unser eigenes großes Feuer der Veränderung, für uns, unsere Umwelt und besonders für unsere Kinder.

Wenn wir die Befürchtung in uns tragen, nicht mehr dazuzugehören, verwehren wir uns das Tor zu einer neuen Zugehörigkeit, einer neuen erfüllenden Partnerschaft und möglicherweise auch der Vaterschaft.

Wenn wir um unsere Anerkennung fürchten, versuchen wir, unsere Partnerinnen zu Häschen zu erziehen, die uns brav loben, wenn wir abends nach Hause kommen. Oder wir suchen uns direkt immer nur »Problemfrauen«, die eigentlich ihren Vater suchen. Das ist keine Auszeichnung! Also weit weg von einer erfüllenden, gleichberechtigten Partnerschaft.
Oder wir meinen nicht mehr so geliebt zu werden, wie es Mutti tat? Dann verweigern wir uns unserer Selbstliebe und der Liebe unserer Partnerin und müssen Frauen wechseln wie unsere Unterwäsche. Damit können wir uns bei anderen Männern brüsten, übersehen aber, dass das ein für uns fatales und falsches Spiel ist, in das wir uns immer wieder selbst verstricken. Eine Maskerade, die Männer betreiben, um nicht wirklich zurück zu sich finden zu müssen, heil mit der eigenen Geschichte zu sein und ein erfülltes Leben als Mann zu leben.

Es tut nicht weh!
Haben Sie einfach den Mut, Ihre Maske zu lüften!

Test:
Stehen Sie Ihren Mann?

Dieser Test wird Ihnen helfen festzustellen, wie weit Sie sich von Ihrer Mutter abnabeln konnten. Seien Sie bitte ehrlich zu sich – es sieht ja niemand. Wenn Sie mehr als fünf Fragen mit Ja beantwortet haben, lesen Sie in den nun folgenden Kapiteln, wie Sie zu sich einen neuen Zugang als befreiter Mann finden.

- Schalten Sie auf Durchzug, wenn Ihre Partnerin mit Ihnen diskutiert?
- Halten Sie es nicht aus, wenn Sie Kritik bekommen?
- Fühlen Sie sich von Frauen gegängelt oder gar gesteuert?
- Ihre Partnerin macht sich über Sie lustig. Sind Sie beleidigt?
- Traurige und weinende Frauen müssen Sie trösten?
- Lassen Sie sich im Geschäft unterdrücken?
- Sind Sie motiviert, Ihre Partnerin zu verführen, auch wenn sie erstmal nicht in der richtigen Laune ist, oder warten Sie, bis Sie verführt werden?
- Haben Sie Erektionsprobleme?
- Bedienen Sie Ihre Partnerin immer bis zum Orgasmus und dann kommen Sie?
- Liegen Sie beim Sex meistens unten und lassen Ihre Partnerin arbeiten?
- Erzählen Sie Ihrer Partnerin alles?
- Haben Sie ein schlechtes Gewissen, wenn Sie sexuelle Fantasien haben?
- Lehnen Sie Ihren Vater ab?
- Lehnen Sie bei Ihrer Mutter kein Essen ab?
- Vergleichen Sie das Essen und die mütterliche Versorgung mit der heutigen Küche Ihrer Partnerin?
- Süßigkeiten (oder Alkohol) können Sie nie widerstehen?
- Halten Sie sich zurück, wenn Ihnen Unrecht widerfährt?

- Wünschen Sie sich immerwährende Harmonie?
- Lachen Sie, auch wenn Ihnen zum Kotzen zumute ist?

Die Wende zum Glück: O. L. G. A. und die Fünf Prinzipien wirkungsvoller Veränderung

O. L. G. A.
Ordnen = Verstrickte Beziehungen entwirren
Lösen = Loslösung/Entbindung von dem Unfrieden mit Ihrer Mutter
Glauben = Neues verinnerlichen
Auswirkung/Achtsamkeit = Positive Resonanz

Erstens. Ordnen = Verstrickte Beziehungen entwirren

Der Volksmund weiß: »Ordnung ist das halbe Leben.« Für viele von uns Männern kann die Ordnung sogar ein ganz neues Leben bedeuten. Denn Ordnung, ich spreche hier natürlich von einer systemischen Ordnung, ist ein tiefes Grundbedürfnis, das in uns allen steckt. Ordnung bietet uns Sicherheit. Wir werden verunsichert, wenn etwas nicht in Ordnung ist oder wenn wir uns nicht in Ordnung fühlen. Ordnung garantiert einen gewissen Rahmen des Dürfens und Könnens. Ist uns dieser Rahmen nicht wirklich bekannt, versuchen wir selbst ganz automatisch, eine gewisse Ordnung herbeizuführen. Haben wir jedoch keine Referenzwerte, zum Beispiel einen Coach, der Erfahrungswerte vorweisen kann, fällt es uns zwangsläufig schwerer.

Eine Klientin sprach einmal davon, dass sie sich nach unserem Coaching wie ein geordnetes Bücherregal gefühlt habe, in dem jetzt endlich alles seinen richtigen Platz gefunden habe. Da mögen noch einzelne Bücher verkehrt herum stehen oder umgefallen sein, aber jetzt könne sie zur Tat schreiten, denn sie wisse jetzt, wie »Ordnung funktioniert«.

Ein ähnlich leichtes und beruhigendes Gefühl haben wir möglicherweise, wenn wir einen Dachboden, ein Zimmer oder eine Garage, die seit Jahren nicht entrümpelt wurde, endlich aufräumen. Wenn wir bewusst darüber nachdenken, verschafft uns alleine das ein Gefühl der Leichtigkeit und der Ordnung, weil ein Zyklus geschlossen wird. Sind zu viele Zyklen offen, arbeiten wir auf zu vielen Problembaustellen gleichzeitig, fühlen wir uns belastet, schwer und in der Regel auch unglücklich.

Der Begriff Ordnung im sozialsystemischen Arbeiten geht zurück auf die von Bert Hellinger entwickelte systemische Familienaufstellung, die bereits einer breiten Öffentlichkeit bekannt ist. Laut Hellinger ist eine Ordnung die Grundbedingung für das Gelingen von Beziehungen. Es sind zuerst die Regeln, die das Zusammenleben einer Gruppe überhaupt in feste Bahnen lenken. Dann entwickeln sich in andauernden Beziehungen gemeinsame Normen, Riten, Überzeugungen und auch Tabus, die wiederum verbindlich werden. Nur so wird laut Hellinger aus Beziehungen ein System von Ordnung und Struktur. Die Ordnung oder auch Unordnung zeigt die Bindungen in unseren Beziehungen.

Wie wird Ordnung sichtbar gemacht?

Ordnung im Sinne einer Familienaufstellung ist wie ein Bild, das sich vor uns darstellt. Kinder sind in einer systemischen Ordnung immer die »Kleinen« und die Eltern immer die »Großen«. Ordnung heißt zum Beispiel auch, dass sich der verheiratete Mann rechts neben der Frau gut fühlt, wenn er ein positionierter und selbstakzeptierender Mann ist. Im symbolischen Sinne hat er dann die rechte Hand frei, um das Schwert zu ziehen, um die Familie zu schützen, während er links seine geliebte Frau fest im Arm hält. Vor Mutter und Vater stehen die Kinder, zugewandt, wenn sie klein sind, abgewandt, wenn sie erwachsen sind. Ordnung heißt auch, dass der Ältere Vorrecht gegenüber dem Jüngeren hat. Oder dass Beziehungen vor ihrer heutigen Beziehung ebenfalls gewürdigt werden müssen. Die Missachtung dieser Ordnung ist eines der größten Probleme unserer modernen Patchworkfamilien-Generation. In diesen Familien wissen oftmals weder Eltern noch Kinder genau, wo und in welchem Maße Liebe fließen darf, wen sie achten sollen und dürfen und wer für ein Kind wirklich verantwortlich ist.

Sie sehen, Beispiele gibt es viele und oftmals sind uns die aktuellen Probleme ganz deutlich, doch die ursprünglichen Hintergründe im Nebel. Da hilft es, diese Ordnungen sichtbar zu machen, um sie achten zu können.

Wie erkennen wir Unordnung in unserem täglichen Leben?

Niemand kann sich dem Einfluss seines eigenen Systems wirklich vollkommen entziehen. Unser System funktioniert immer wechselseitig. Ein Beispiel: Meine Kollegen sind gestresst, deshalb bin auch ich gestresst und setze meine Kollegen noch mehr Stress aus. Oder: Meine Frau ist angespannt, weil sie sich zu viel mit den Kindern beschäftigen muss, und trägt dadurch nur wenig zur Mann/Frau-Partnerschaft bei, was mich stresst. Meine Kritik und Forderungen stressen wiederum sie, was in der Folge die Kinder stresst. Deren systemische Symptome und gesundheitlichen Auswirkungen stressen uns beide noch stärker, besonders nachts. Infolgedessen verlieren wir die Lust auf Sex, was wiederum dazu führt, dass wir beginnen, uns ungeliebt zu fühlen. Auf diese Weise wächst neben dem Stress auch das Beziehungsproblem stetig weiter. Diese in Wechselwirkung funktionierenden Abhängigkeiten sind ein Naturgesetz. Ein Produkt unserer sozialen Programmierung und eben der Erwartungen und Defizite der eigenen Kindheit. Genau dies kann natürlich dazu führen, dass wir uns anderen zuliebe anpassen und der Konformität den Vorzug vor der Wahrung unserer eigenen Grenzen und Bedürfnisse geben.

Der einzige Ausweg aus der Spirale: Erfahren Sie mehr über sich selbst und übernehmen Sie die volle Verantwortung für sich!

Wir alle können aus unseren Systemen nicht wirklich ausbrechen, aber wir können auf unserer *Individualität* bestehen. Wir können eine Übersicht erlangen und uns entscheiden, die so wichtige Ordnung für uns herbeizuführen. Sich selbst zu erkennen und für sich und andere einen klaren Standpunkt in einem System zu erklären ist der Preis, den wir bezahlen müssen, um unserer Gemeinschaft und unserem System angehören zu können.
Natürlich sind die Anforderungen unterschiedlich, je nachdem in welchen *Rollen* wir uns momentan befinden. Bin ich gerade verantwortlicher Arbeitnehmer in einer Unternehmung, Vater meiner Kinder, lustvoller Ehemann, guter Kumpel oder liebevoller Partner? In jeder Rolle habe ich andere Bedürfnisse und Interessen.

Auch in und mit diesen Bewegungen im System zeigt sich immer wieder der unbewusste Drang, unseren drei emotionalen Grundbedürfnissen nach Anerkennung, Zugehörigkeit und Liebe nachzugehen. Damit spiegeln sie sich also auch in unserer Bindungsidee wider. Wenn ein Kind weiß, dass es dazugehört, dann ist dieses Wissen Bindung und diese Bindung Liebe! Der menschliche Bindungswunsch geht damit so tief, dass ein Kind sogar bereit ist, Leben und Glück der Bindung an die Liebe zu opfern.

Alles hat Wirkung.

Manifestieren sich negative Glaubenssätze aufgrund gemachter Erfahrungen und Verletzungen in uns, können uns diese schädigen, ohne dass wir es bemerken. Wir sind sozusagen blind für uns selbst. Je länger wir diese Glaubenssätze vertreten und je mehr andere Menschen sich diesen anschließen, desto richtiger werden sie für uns und desto weniger hinterfragen wir sie. Wenn wir uns etwas nicht erklären können, glauben wir es einfach so, wie es in unserer eigenen Wirklichkeit war.
Dies ist womöglich auch ein selbsterklärender Ausgleich für unsere Enttäuschungen, Verletzungen und Kränkungen, die einen solchen Groll in uns hervorrufen und uns immer noch zu sehr schmerzen würden, wenn wir ihnen ins Auge blickten. So erklären wir uns die Welt, wie sie »uns gefällt«!

> *Nachdem wir das Ziel endgültig aus den Augen*
> *verloren hatten, verdoppelten wir unsere Anstrengungen.*
> Mark Twain

Wenn die Mutter immer gesagt hat »Sei still!«, werden wir später glauben, uns zurückhalten zu müssen. »Dein Bruder schreibt die besseren Noten!« wird implizieren, dass wir dümmer sind als andere. Wenn Mutter keine Nähe ertragen kann, werden wir glauben, anderen Menschen schnell zu viel zu werden. Wenn unser Vater durch Abwesenheit glänzt und die Mutter darunter leidet, werden wir vielleicht der Überzeugung sein, dass Arbeit immer damit zu tun hat, dass es Beziehungsstress gibt.

Welcher Glaubenssatz Ihrer Mutter klingt noch heute in Ihnen?

Die Besonderheit und der Erfolg unserer Arbeit wird sein, dass Sie immer selbst auf die Wirkung in Ihnen achten können. *Denn alles, was uns beeindruckt, benötigt Ausdruck.* Alles, was in unserem Familiensystem aktiv wird, zeigt in irgendeiner Form Wirkung auf uns, Wirkung auf Sie! Gehen wir der Wirkung auf die Spur, finden wir einen neuen Nährboden für die Veränderungssaat. Die in Ihnen wirkende Wirklichkeit muss nicht einmal der realen Wahrheit entsprechen. Ähnlich wie bei Geschmacksfragen müssen wir nicht diskutieren, was Ihre und meine Wirklichkeit ist. Es ist. Wahrheit ist real und messbar, Wirkung ist für uns nur subjektiv fühlbar. Je klarer wir deshalb Gefühle benennen können, desto deutlicher wird Ihr neuer Weg zu erkennen sein.

Vergleichen wir ein Familiensystem mit einem Mobile, das an der Decke hängt, ist dies, genau wie eine Familie, erst einmal ein geschlossenes System. Alle Teile an diesem Mobile hängen zusammen und sind in irgendeiner Form voneinander abhängig. Nehmen wir nun eine Wäscheklammer und stecken diese an einen Teil des Mobiles, wird dieses Gewicht das Mobile in Schräglage bringen. Bekommt es dann Zugluft, wird es auch im Wind schräg weiter pendeln. Ein Mobile wird von sich aus nichts unternehmen können, um sich selbst wieder in eine Waagerechte zu bringen. Anders ein menschliches System. Jederzeit ist dieses, egal ob Familie oder Organisation, bewusst oder unbewusst bemüht, gefühlte und erlebte Disbalance in Balance zu bringen. Jeder wird subjektiv etwas zu einem Ausgleich beisteuern. Somit trägt selbst eine Ablehnung oder Ignoranz dessen, was passiert, zur Veränderung bei. Die Grundstruktur dieser Ausgleichsbewegung ist der Ausgleich von Geben und Nehmen.

In der Regel ist genau dieser Ausgleich von Geben und Nehmen in Unordnung.

In jedem Fall handelt es sich meist um unbewusste Vorgänge, die unser Innerstes in ein Ungleichgewicht bringen können. Im Rahmen unserer Bindungsideen lassen wir viele Dinge zu und ertragen auch Schmerz, um auf diese Bindung nicht verzichten zu müssen. Um diesem meist unbewussten Leid auf die Spur zu kommen, gestalten wir gemeinsam neue Informationen und neue Sätze, die Ritualen gleichen können. Damit werden innere Bezüge im Miteinander zu anderen Menschen in einem System maßgeblich beeindruckt und verändert. Das ist unser Weg.

Wir sind erst bereit, unsere Haltung zu verändern, wenn wir neue erleichternde Informationen erhalten und zulassen können, dass sie uns neu in Form bringen. Damit setzen wir Impulse, die unsere Bezugspersonen in unserem Beziehungsnetz in ein neues Licht rücken. Sie lernen die Personen in Ihrem Beziehungsnetz neu kennen, sie erscheinen Ihnen in einem neuen Licht. Sie können wählen, nachfühlen, wo Sie vielleicht Grenzen überschreiten mussten oder Grenzen zu Ihnen überschritten wurden. Sie erfahren, wo Sie sich selbst sowohl zum Nutzen als auch zu Lasten anderer übernehmen oder auf der anderen Seite Last abgeben, die eigentlich zu Ihnen gehört.

Neue Ordnung schafft Raum für neue Ideen und neue Perspektiven, ohne dass Sie Ihr Leben gleich komplett umkrempeln müssten. Und diese Ordnung gibt Hinweise darauf, von wem oder was Sie sich entbinden müssen oder woran anbinden sollten. Wir Menschen können uns also, im Vergleich zum Mobile, bewusst verändern.

Eine objektive Korrektur subjektiver Empfindungen vornehmen.

Diese Korrektur passiert nur in Ihrem Inneren und nicht im Außen. Denn allzu gerne möchten wir Menschen im Außen verändern und geben damit Verantwortung an andere ab. Doch genau das macht uns wieder abhängig von anderen und ohnmächtig für eigene Handlungen.
Ordnungen der Seele zu schaffen ist ein Weg des Herzens. Er ist spürbar und wenig erklärbar. Bindungen lassen sich zwar erläutern, aber noch besser fühlen. Wenn wir auf die Wirkung achten, finden wir den richtigen Weg und können eine Richtungskorrektur vornehmen. Zum Wohle aller und zum Besten für Sie!

Wir werden Ihren schlechten und verletzenden Erfahrungen aus Ihrer Kindheit positive Erlebnisse der Gegenwart als Kraft gegenüberstellen.

Bevor wir beginnen, habe ich einen praktischen Vorschlag für Sie. Spätestens seit »Raumschiff Enterprise« wissen wir um die Bedeutung eines Logbuchs. Ursprünglich aus der Seefahrt kommend, dient es für Aufzeichnungen von täglichen Ereignissen und Vorgängen, ähnlich einem Tagebuch. Das ergibt Sinn, denn später können wir nachvollziehen, was wir getan haben und welche Veränderungen wir dadurch herbeigeführt haben. Ich empfehle Ihnen also die Anschaffung eines *Selbsterfahrungs-Logbuches*, um später in der Retrospektive festzustellen, welche Erfolge Sie bereits verzeichnen können.

Die Grundlage für unsere Arbeit wird, wie bereits erwähnt, die systemische Betrachtung sein. Bei dieser Methode wird in der Gruppe ein Bild einer Familie oder einer Organisation aufgestellt. Dazu werden Stellvertreter benannt, die einzelne Mitglieder im System repräsentieren. Und obwohl diese Stellvertreter in der Regel keine weiteren Informationen haben, werden sie für den Klienten wertvolle Auskünfte geben können.

Informationen via Stellvertreter zu erhalten ist Ihnen in der Arbeit mit diesem Buch natürlich nicht möglich. Deshalb werde ich Sie anleiten, Ihre Vorstellungskraft zu nutzen, um zum Beispiel Ihrer Mutter im Rahmen Ihrer eigenen Vorstellungen zu begegnen. Dabei nutzen wir Ihre sogenannten inneren Bilder in einer Visualisierung.

Mittels dieser Visualisierung erschaffen Sie sich bewusst eine neue Realität. Es ist das Ziel, sich persönlich neue wirkungsvolle Möglichkeiten zu erschaffen. Der Trick dabei ist, die Vorstellungskraft nicht nur für die eigenen Träume, sondern eben auch für das eigene Aufnehmen, Erforschen, Handeln und neues Erleben einzusetzen. Visualisierungen unterscheiden sich deutlich von der Meditation. Beim Meditieren konzentrieren wir uns auf das Hier und Jetzt. Wir versuchen, Gedanken und Gefühle loszulassen. Beim Visualisieren nutzen wir im Gegensatz dazu unsere eigene Kraft: Wir erschaffen uns bewusst gesteuert eine eigene Realität.

Ordnung finden – Variante I mit Figuren oder symbolischen Gegenständen

Wir werden nun die Beziehungen zwischen Ihnen, Ihrer Mutter und Ihrer restlichen Familie sichtbar machen. Dazu werden wir bei Variante I mit körperlichen Figuren oder Symbolen arbeiten. Finden Sie eine glatte Fläche, vielleicht einen Tisch, und suchen Sie sich Figuren, die geeignet sind, wie Playmobil-Männchen oder andere symbolische Figuren, z. B. Gegenstände wie Holzklötze oder Steine. Diese werden Sie nach der Visualisierungsübung benötigen.

Nehmen Sie jetzt bitte einen tiefen Atemzug und lassen Sie vor Ihrem inneren Auge das Bild Ihres Vaters auftauchen. Unabhängig davon, wie gut oder schlecht Sie ihn gekannt haben, ob er noch lebt oder bereits verstorben ist, jetzt taucht er in Ihrem inneren Bild auf.

Wie sieht er aus?
Wie groß oder klein ist er?
Welche Kleidung trägt er?
Und wie steht er da?
Ist er schwach? Oder stark?

Wenn Sie dieses innere Bild für sich befragt haben, taucht jetzt in diesem Bild eine weitere Person auf – es ist Ihre Mutter. Auch wiederum unabhängig davon, wie gut oder schlecht Sie sie gekannt haben oder ob sie noch lebt oder bereits woanders weilt.

Wie sieht sie aus?
Wie groß oder klein ist sie?
Welche Kleidung trägt sie?
Wo steht sie ganz genau?
Wie ist Mutters Bezug zu Ihrem Vater?
Ist sie stark oder schwach?
Wie ist Vaters Bezug zu Ihrer Mutter?
Hat sich etwas bei ihm verändert, als die Mutter dazukam?

Und nun taucht eine weitere Person auf, diesmal sind Sie es selbst. Wo stehen Sie in diesem Bild? In Bezug zu Ihrem Vater und Ihrer Mutter? Wie groß oder klein sind Sie? Wie weit entfernt stehen Sie von den einzelnen anderen Personen? Und welche Gefühle machen sich in Ihnen breit, wenn Sie Vater und Mutter sehen?

Nun haben Sie sich ein inneres Bild erschaffen. Dieses Bild zeigt Ihre ganz persönliche innere Ordnung, die natürlich auch eine Unordnung sein kann. In jedem Fall ist sie erst einmal genau so richtig, denn Sie haben sie so visualisiert. In unserer Arbeit gibt es keine falsche Visualisierung. Alles ist genau so gut, wie Sie es jetzt sehen. Und genau so, wie Sie dieses innere Bild gerade wahrgenommen haben, stellen Sie bitte die drei Figuren, Objekte oder Symbole stellvertretend für die drei Personen, Vater, Mutter und Sie, auf den Tisch oder die Plattform. Bitte achten Sie darauf, dass die Figuren tatsächlich so stehen, wie Sie diese vor Ihrem inneren Auge wahrgenommen haben.

Jetzt haben sie Ihr inneres Bild nach außen visualisiert, es bekommt eine räumliche Dimension. Und wenn Sie dieses Bild nun betrachten, können Sie sich verschiedene Fragen stellen:

1.) Wie fühlen sich die einzelnen Personen?
Sie können auch den Finger auf die Männchen oder Symbole legen und diese Gefühle tatsächlich wahrnehmen. Lassen Sie sich dazu bitte Zeit. Was spüren *Sie* bei den einzelnen Personen? Im Anschluss machen Sie sich dazu bitte Ihre Notizen.

2.) *Möchten Sie die Positionen der Gegenstände oder Personen verändern?*
Und wenn ja: Wohin möchten Sie sie stellen?
Wenn Sie diese Veränderungen vornehmen, was verändert sich bei Ihrem Gefühl? Vielleicht erleben Sie Erleichterung oder Anspannung? Oder sind Sie überfordert und möchten nichts ändern?
Zudem können Sie feststellen, wer Ihnen näherkommen muss und wer sich besser von Ihnen entfernen sollte. Wenn Sie dies wahrnehmen, beginnt bereits eine neue Ordnung, die ihnen Erleichterung verschaffen soll.
Verändern Sie die Positionen solange, bis es Ihnen merklich besser geht. Wenn dieser Zustand erreicht ist: Werden Sie sich nun klar darüber, *was* diese Verbesserung des Zustandes bewirkt hat. Das ist Ihr erster Weg zur Lösung! Machen Sie sich erneut Notizen.

3.) *Was haben Sie gerade verändert, sodass es Ihnen nun besser geht?*
Was schließen Sie daraus?
Warum kann dies ein Weg zur Lösung sein? Sie haben vorher Ihr inneres Bild im Außen dargestellt. Jetzt folgt die äußerliche Änderung, die gleichzeitig eine innere Veränderung bei Ihnen bewirkt. Sie werden entdecken, was Ihnen guttut oder was Sie belastet. Was Sie entspannt oder anspannt. Oder was es vielleicht bräuchte, um eine Erleichterung herbeizuführen.

4.) *Wenn Sie das Gefühl haben, es würden Personen fehlen, Ihre Partnerin, Kinder, Verwandte, Freunde der Familie, dann ergänzen Sie Ihr Schaubild mit weiteren Figuren.*

Bitte gehen Sie dabei langsam vor, es ist ein bewegendes »Spiel« Ihrer Seele und kein schnelles Brettspiel für Kinder! Vielleicht haben Sie zum Beispiel bei Ihrem Vater bemerkt, dass er seinen Bruder vermisst und dass die Anwesenheit des Bruders eine Erleichterung für den Vater bringt und somit auch eine Erleichterung für Sie? Oder Sie stellen fest, dass Ihre Mutter ein Stück weit von Ihnen ablässt, wenn der geschiedene Mann an ihrer Seite ist, auch wenn dies de facto momentan nicht so sein kann. Sie erfahren, dass es Ihnen plötzlich warm ums Herz wird, wenn Ihre Mutter mit ihrem Vater zu sprechen beginnt und eine alte ungelebte Sehnsucht zu Tage tritt?

Sie merken, kleine Übung, große Wirkung!

Ordnung finden – Variante II: Arbeiten mit DIN-A4 Blättern

Eine weitere Variante, mit der wir Ihr inneres Bild nach außen transportieren können, ist die Arbeit mit Papierblättern, sogenannten Bodenankern. Hier nutzen wir keine Männchen, Figuren oder Symbole für die Darstellung, sondern wir positionieren die Personen in Form von Blättern in dem Raum, in dem Sie sich gerade befinden. Suchen Sie sich einen Raum, in dem Sie genügend Platz haben, um die Blätter auszubreiten.

Ähnlich wie in Variante I visualisieren Sie bitte wieder Mutter und Vater und sich selbst. Nun legen Sie die entsprechenden Blätter vor sich hin, genau so, wie die Personen in Ihrem inneren Bild positioniert waren.

1.) Stellen Sie sich nun auf Ihr eigenes Blatt Papier und achten Sie dabei auf die Blickrichtung.
Wie geht es Ihnen hier auf Ihrer Position, in Beziehung zu Ihrer Mutter und zu Ihrem Vater? Welche Gefühle können Sie wahrnehmen, wenn Sie sich vorstellen, dass auf dem anderen Blatt Papier tatsächlich Ihr Vater stehen würde? Ebenso Ihre Mutter? Und die wichtigste Frage ist wieder:

Was würde Ihnen an dieser Stelle guttun?
Was würde den anderen Beteiligten helfen?
Welche Ihrer Gefühle verändern sich?

2.) Nun stellen Sie sich bitte auf das Papier Ihres Vaters.
Wie fühlt er sich? Wie geht es ihm in Bezug zu Ihrer Mutter, seiner Ehefrau? Fühlen Sie sich in der Position Ihres Vaters stark oder schwach? Fühlt er sich größer oder kleiner als die Mutter oder Sie? Was würde ihm helfen, damit es Ihnen oder ihm besser geht?

3.) Das Gleiche machen Sie bitte mit dem Papier, dem Bodenanker, Ihrer Mutter.
Stellen Sie sich auch hier auf das Papier und erfahren Sie die Gefühle, die ihre Mutter hat.

Wie groß oder klein ist sie?
Ist sie stark oder schwach?
Opfer oder Täter?

Was würde ihr guttun/wie sollte sich die Situation ver-
ändern?
Wie stark ist Mutters Position zu Ihnen?
Fühlt sich Ihre Mutter sehr stark zu Ihnen hingezogen
und möchte Sie kontrollieren und einnehmen oder sind
Sie ihr egal?
Wünscht sie sich Hilfe von Ihnen, Ihrem Sohn?

4.) Wenn Sie all diese Gefühle erfahren haben, dann
können Sie wieder dem Gefühl nachgehen und erkennen,
was es brauchen würde, damit sich die Situation für Sie
verbessert.
Wie müssten Sie die Papiere neu anordnen, damit es für
Sie leichter würde? Vielleicht möchten Sie sich etwas Abstand gönnen und Mutter und Vater enger zusammen-
bringen, obwohl sie es de facto heute gar nicht mehr sind?

Fühlt sich der Abstand gut für Sie an?
Was würde Sie unterstützen?
Vielleicht Ihre Partnerin? Geschwister?

Ordnen Sie Ihre Blätter, also die Positionen so lange, bis
Sie für sich eine merkbare Erleichterung empfinden. Und
stellen Sie nun fest, *was* die Erleichterung bewirkt hat,
damit Sie eine Lösungs- und Veränderungsidee für sich
bekommen.

Während dieser Übungen werden Sie erkennen, dass Sie beim Verändern der Stellvertreter tatsächlich unterschiedliche Gefühle wahrnehmen. Bleiben Sie Ihren Gefühlen treu und achten Sie auf das, was sich für Sie selbst verbessern lässt. Dann können Sie eine Ordnung vollziehen.

Es gibt eine von mir erfahrene Ordnung im systemischen Arbeiten, über die Sie schon teilweise lesen konnten und auf die ich Sie hier an dieser Stelle hinweisen möchte. Achten Sie dabei bitte weiterhin auf Ihre Gefühle.

Wenn Sie sich größer als Ihre Mutter fühlen – und dabei spielt die tatsächliche Körpergröße keine Rolle – ist anzunehmen, dass Sie zu viel Verantwortung für Ihre Mutter übernehmen!

Warum? Egal wie alt Sie sind und wie alt Ihre Mutter ist, Sie werden immer das Kind bleiben. Das Gefühl, größer als die Mutter zu sein, verschafft Ihnen die Position eines Partners bzw. Ihres Vaters. Es könnte auch sein, dass Sie sich neben der Mutter am besten fühlen, während der Vater entfernt steht. Diese Positionen fühlen sich zwar anfänglich gut an, werden Sie aber überlasten und damit Ihr Leben dauerhaft, wenn auch unbemerkt, belasten. Wenn Sie sich also etwas kleiner als Ihre Mutter fühlen, ist diese die richtige Position.

Wenn Sie sich dabei gut fühlen, ist dies der richtige Weg!

Beim Vater trifft das Gleiche zu. Wenn Sie sich größer als Ihr Vater fühlen, dann fehlt Ihnen möglicherweise der wichtige Respekt gegenüber den Männlichen bzw. dem Vater, weil Sie sich über ihn stellen und sich somit in eine Position begeben, die Sie ebenfalls belastet. Auch hier wäre es wichtig, dass Sie sich kleiner fühlen, auch und gerade, wenn Sie mit Ihrem Vater in Unfrieden sind. Unfrieden und Vorwürfe an Mutter oder

Vater verleiten uns dazu zu glauben, dass wir es besser wissen, wissen, was Mutter und Vater richtig oder falsch machen, aber damit stecken wir uns viel zu viel Verantwortung in den Lebensrucksack.

Also raus mit dem Alten, Belastenden! Leeren Sie Ihren Lebensrucksack aus, entfernen Sie Verantwortung, Verpflichtungen und alte Versprechen, die nicht hinein gehören! Wie das geht? Dies geschieht mit Sätzen und Worten zur Lösung. Nachfolgend möchte ich Ihnen einige Sätze mitgeben, die Sie aussprechen können, während Sie an Ihrer Familienaufstellung arbeiten.

Sätze, die bewegen:
Vater – ich hätte deine Liebe gebraucht!
Vater – ich hätte dich mehr gebraucht!
Mutter – ich hätte deine Erlaubnis gebraucht!
Mutter – ich bin dir nichts schuldig, du bist mir etwas schuldig geblieben!
Vater – ich bin dir nichts schuldig, du bist mir etwas schuldig geblieben!

Sätze, die lösen:
Mutter und/oder Vater – ich achte euer Schicksal.
Ich bin der Kleine, du Mutter bist die Große, auch über den Tod hinaus!
Mutter und Vater, macht das bitte unter euch aus, es ist nicht meine Verantwortung!
Mutter, schau freundlich, wenn ich mir die Erlaubnis hole, glücklich zu leben!
Danke. Für mein Leben.

Ordnung finden – Variante III: Arbeiten mit Ihrer Vorstellung

Meine Erfahrung zeigt, dass wir Menschen höchst unterschiedliche Wahrnehmungskanäle für uns nutzen. Ist Ihr Wahrnehmungskanal eher haptisch, lieben Sie es, Informationen durch aktives Ergreifen aufzunehmen, werden Ihnen die beiden ersten Varianten gefallen haben.
Nehmen Sie Informationen eher visuell auf, kommt Ihnen die folgende Variante entgegen.

Schließen Sie die Augen und visualisieren Sie bitte folgende Situation, nachdem Sie den folgenden Text gelesen haben.

Sie befinden sich in einem Theater. Alleine. Dennoch sind Sie sicher. Können Sie schon fühlen, wie es ist, auf den roten Samtstühlen zu sitzen? Kuschelig warm, etwas eng, aber geborgen? Sie blicken auf die Bühne. Ein grauer Vorhang verhängt Ihnen noch den Blick auf das, was gleich passieren wird. Mit dem nächsten Atemzug öffnet sich der Vorhang. Und Sie sehen Ihren Vater. Wo steht er da auf der Bühne? Versteckt oder offensiv? Groß oder klein? Wie geht es ihm? Dann steht da nun auch Ihre Mutter. Wie geht es ihr? Wo ist sie dort auf der Bühne? Was fühlt sie wohl? Geht es ihr gut? Und nun kommen Sie dazu. Wo stehen Sie? Wie groß oder klein sind Sie? Eine weitere Person kommt hinzu. Wer ist es? Wer ist jetzt so wichtig, dass er auf dieser Theaterbühne auftaucht?

Wie stehen die Personen zueinander? Was tut Ihnen gut? Was fehlt Ihnen? Was gibt es hier zu verändern? Wann geht es Ihnen besser?

Auch hier haben die oben genannten Aspekte von Größe und Standpunkt Relevanz. Lassen Sie sich Zeit, dieses innere Bild zu erleben und zu verändern. Lassen Sie niemanden flüchten, sondern achten Sie darauf, was Ihnen guttun würde. Verändern Sie es so lange, bis Sie das Gefühl haben, alle Beteiligten haben einen guten Platz und es geht ihnen gut. Nehmen Sie sich nun noch die Zeit, Notizen darüber zu machen, was Ihnen wirklich Erleichterung verschafft hat.

Hören Sie auf Ihr Herz. Es wirkt schon.

Zweitens. Lösen = Entbindung von dem Unfrieden mit Ihrer Mutter

Das außergewöhnliche Geschenk »Leben« verbindet uns mit unserer Mutter und verpflichtet uns ihr gegenüber. Mit dieser Verpflichtung geraten wir bereits zum Zeitpunkt unserer Geburt in ein Ungleichgewicht zwischen Geben und Nehmen. Und wie wir bereits gelesen haben, ertragen wir Menschen es nicht, in einer solchen Disbalance zu sein. Die gefühlte Balance von Geben und Nehmen ist für unser friedliches und erfülltes Leben eine Notwendigkeit, um das Maß an Schuldgefühlen im Zaum zu halten.
Diese empfundene Verpflichtung, gepaart mit dem Wunsch nach Anerkennung und Zugehörigkeit, ist eine »gefährlich«

bindende und fixierende Mischung. Genau diese Mischung ist es, die die Basis für den Unfrieden mit unserer Mutter schafft, obwohl wir doch eigentlich endlich unsere Ruhe und unseren Frieden haben wollen. Um Ruhe zu bekommen, strengen wir uns über alle Maßen an, verbiegen uns, möchten nichts schuldig bleiben und versuchen immer wieder auszugleichen und Ordnung zu schaffen. Doch das ist genau der falsche Weg. Unbewusste Selbstversuche, alte Verstrickungen zu lösen, lassen uns meist erst recht in Schieflage geraten – sie »verschlimmbessern« unsere aktuellen Probleme.

Der richtige Weg ist der Weg unserer Entbindung.

Eine bewusste Entbindung von der Mutter ist notwendig, damit die Liebe zur Mutter als kindliche Liebe von Sohn zur Mutter fließen darf. Wir alle sehnen uns nach nichts mehr, als diesen Frieden leben zu dürfen. Lassen Sie mich diese eigentlich paradox klingende Aussage erklären. Nehmen wir einmal an, Ihnen ist als junger Mann durch die Mutter etwas Unschönes widerfahren. Als erwachsener Mann können Sie sich bewusst davon distanzieren, vorgeben, Ihre Mutter zu verstehen und kundtun, dass längst Gras über die Sache gewachsen ist. Doch der »kleine Junge« in Ihnen hat das alles noch lange nicht vergessen und wird sich bei jeder Erinnerung an das ursprüngliche Schicksal erneut melden. Plötzlich tauchen unkontrollierbare Gefühle in Partnerschaftskonflikten auf, vielleicht ausgelöst durch eine ganz lapidare Handbewegung Ihrer Partnerin. Und weil genau diese Handbewegung eine Erinnerung an schlechte, möglicherweise abwertende Erfahrungen mit ihrer Mutter ist, spüren Sie, wie an der Narbe Ihrer längst vergessen geglaubten Verletzung gekratzt wird.

Nichts bleibt vergessen.

Oftmals sind wir Männer uns auch viel zu gut, um wirklich böse zu sein – gerade auf die Mutter dürfen wir Männer, so wurden wir erzogen, nicht wütend sein. Dann sind wir es eben gegenüber unseren Partnerinnen oder gegenüber Kolleginnen. Der ehemals so verletzende Konflikt wird dann auf einer ganz anderen Ebene ausgetragen, die scheinbar keinen Zusammenhang erkennen lässt. Ergebnis: Unfriede.

Der Missmut und vielleicht auch die Wut, die eigentlich gegenüber der Mutter auftreten, werden auf andere Menschen projiziert.

Natürlich sind wir das eine oder andere Mal sauer auf unsere Mutter, doch dann meist mit belanglosen Zwistigkeiten und kleinen Querelen, die mit den ursprünglichen Problemen nichts zu tun haben. Denn wir wollen nicht wirklich an Altem rütteln – wir wurden dazu erzogen, nicht wütend zu sein und unsere Mutter wertzuschätzen. Das Problem dabei ist nur, dass damit auch die Liebe zu unserer Mutter, nach der sich der kleine Junge in uns sehnt, belastet ist. Damit ist die hinbewegende Liebe unterbrochen, die Energie kann nicht frei fließen. Denn sie vermischt sich mit der ursprünglichen Wut und den alten schmerzlichen unbewussten Verletzungen der Kindheit, die wir vergessen glaubten.

Wir sind gefangen in unseren eigenen Verstrickungen.

Schade. Denn könnten wir es schaffen, Wut und Verletzungen isoliert zu betrachten und damit von der wünschenswerten Liebe zu separieren, gelänge uns eine neue Ordnung. Wir könnten es wagen, unsere Mutter für das für uns schlimme Ereignis

»anzuklagen«. Wir sollten uns nicht zu schade oder gar zu feige sein, das auszusprechen, was uns wirklich bedrückt, weil es in uns solch große Wirkung zeigt. Es birgt die große Chance, neue Positionen, neue Standpunkte zu generieren. Wir würden kräftig an alten Festungen rütteln. Die Liebe könnte als bewusst kindliche Liebe zur Mutter fließen und wir müssten uns als Männer nicht über die Mutter und über die Partnerin stellen, glauben, alles im Griff zu haben und für alles und jeden die Verantwortung übernehmen zu müssen. Alles in allem also eine ziemlich große Entlastung für uns als Männer.

Um diese Gefühlswelten zu ordnen, ist eine Entbindung von der Mutter ursächlich wichtig. Meine jahrelange Erfahrung zeigt, dass diese Entbindung das richtige Lebensalter benötigt. Die Entbindung eines Kindes oder Jugendlichen in der Pubertät ist trotz der Kämpfe in dieser Zeit noch nicht möglich. Die Bindung zur Mutter ist bis zum zwanzigsten Lebensjahr noch existenziell wichtig. Die Reibung in der Pubertät ist der erste wirkliche Prozess der aktiven Selbstwerdung, aber eben noch in »kindlicher« Resonanz mit den Eltern, als Referenzwert. Eine bewusste Entbindung kann erst im jungen Erwachsenenalter nach dem 20. bis 22. Lebensjahr erfolgen.

Eine systemische Entbindung wird wieder als Ritual durchgeführt, bei dem wir uns mental neu ausrichten. In gewisser Hinsicht ist dieses Ritual das Nachholen eines Einweihungsrituals. Naturvölker kennen und beherzigen körperliche und mentale Rituale. In Einweihungsritualen werden Jungen zu erwachsenen Männern, indem sie die Familie verlassen müssen, also ganz förmlich entbunden werden. Begleitet werden sie von anderen Männern, insbesondere dem eigenen Vater, der sie auf das Mann-Sein vorbereitet. Solche Rituale sind in unserer modernen westlichen Welt vollkommen abhandengekommen.

Der moderne Mann steht heute in der Regel unentbunden einer natürlich eingeweihten Frau gegenüber und beginnt viel zu spät, sich zu bewähren. Ein harter Kampf! Denn an was und wem sollen junge Männer sich denn nun orientieren? Heute ist der Vater oft durch gescheiterte Beziehungen von Mutter und Sohn noch ferner – gleichzeitig sind über das Internet ungefilterte Informationen so leicht erreichbar wie nie zuvor. Von vielen Eltern höre ich zu spät verzweifelte Worte, welche Probleme frei zugängliche Pornografie im Internet mit dem jugendlichen und jungfräulichen Verständnis von Sexualität anrichtet. Hier wird schon früh ein völlig falsches Bild von Männlichkeit postuliert.

Unser Einweihungsritual im Erwachsenenalter kann zu jeder Zeit, in jeder Lebensphase des Mannes erfolgen. Ganz privat, nur für uns, nicht offenkundig. Es wird immer gute Wirkung zeigen. Wirkung dahingehend, dass die Beziehung zur eigenen Mutter wirklich in Frieden geklärt wird und Verantwortung dorthin kommt, wo sie wirklich hingehört. Wir müssen nichts mehr vorgeben und uns nicht mehr verbiegen und über alle Maßen anpassen, wenn wir uns entbunden haben. Ein Gefühl der Leichtigkeit und Freiheit wird sich breitmachen.

Unsere bewusst herbeigeführte Entbindung von unserer Mutter ist der gefühlvolle und gleichzeitig männliche Weg in unsere selbstbestimmte Freiheit. Der Lohn dafür ist das Gefühl, ein ganzer Mann zu sein, der zu seiner Frau als Partner steht und seinen Kindern als Vater ein Fels in der Brandung ist.

Für Ihr Leben gibt es eine Software-Aktualisierung. Möchten Sie diese downloaden?

Gehen Sie einen großen Schritt. In die Freiheit. Dieser große erste Schritt in die Freiheit wird wieder über eine Visualisierung geschehen. Und gerade weil ich davon ausgehe, dass Sie ein Leser männlichen Geschlechts sind, möchte ich Sie an dieser Stelle ganz besonders ermutigen. Mut haben heißt, sich auf diese Übung emotional einzulassen, Gefühle zu erleben. Dafür ist es von besonderer Wichtigkeit, dass Sie die nachfolgende Übung alleine machen, um Ihre eigene Stimme besonders deutlich zu hören. Zusätzlich können Sie auch die Meditation nutzen, die Ihnen im Rahmen dieses Buches als Download zur Verfügung steht (s. Ende des Buches). Denn wenn wir emotionale Erlebnisse deutlich, also in diesem Falle laut mit uns selbst erleben, setzen wir für unser Herz und unsere Seele Neues in Gang. Es ist, als würden Sie Ihre Software am Computer überprüfen und ein Update downloaden!

Reise zur Entbindung

Nehmen Sie sich jetzt Raum und Zeit und suchen Sie sich einen Platz, an dem Sie ungestört agieren können.
Legen Sie sich Papier und Stift zur Seite, um Notizen machen zu können.
Nehmen Sie zwei bis drei tiefe Atemzüge und entspannen Sie sich.
Schließen Sie die Augen, finden sie ganz zu sich und machen Sie sich bereit für eine Reise zu Ihrer zweiten, Ihrer echten Entbindung.

Hinweis: Gehen Sie in Dialog mit sich selbst. Haben Sie Mut und sprechen Sie diese Visualisierungen laut nach.

Ich lasse vor meinem inneren Auge das Bild eines Platzes, eines Ortes auftauchen, an dem es mir gut geht, an dem ich ganz sicher bin!
Dort stehe ich jetzt.
Jetzt taucht meine Mutter auf.
Sie bleibt in einem für mich guten Abstand vor mir stehen.

»Mutter, heute ist ein ganz wichtiger Tag für mich!
Es ist ein Tag der Klärung und des Friedens. Für immer.

Schön, dass du jetzt hier bist!
Danke, dass du gekommen bist.

Danke auch dafür, dass ich durch dich auf diese Welt gekommen bin.

Egal was war, egal was ist, es ist soweit gut gegangen.
Ich bin hier auf dieser Erde!
Und heute hier zu sein und mit dir zu sprechen zeigt, dass mein Leben – egal was ist, egal was war – eine Erfolgsgeschichte ist.

Ich lebe, bis heute.

Mutter, aber manches war nicht leicht für mich.
Einiges davon hat mit dir zu tun!
Heute erzähle ich dir davon.«

Sie sprechen jetzt alles aus, was Sie Ihrer Mutter sagen möchten.

Wenn Sie zum Ende kommen, wiederholen Sie den wichtigsten Satz:
»Mutter, ich entbinde uns heute!
Ich gebe dir jetzt all das, was zu dir gehört, hier und heute zurück.«
(weit ausatmen)
»Es gehört zu dir und nicht zu mir!

Und auch ich löse mich jetzt aus allen Verpflichtungen, die ich mir selbst auferlegt habe, und so nehme ich jetzt all meine unnötigen Energien, die ich dir gab, zurück!«
(tief einatmen)

»Ich trage meinen Teil, der zu mir gehört!

Und ich möchte mir vergeben, für all das, was zwischen uns passiert ist …
Ja, ich möchte mir vergeben, für das was ich mir aufgeladen habe!
Ich vergebe mir.«
(tief durchatmen)

Und jetzt, wo Sie diese Sätze ausgesprochen haben, können Sie wie durch ein Wunder erkennen, dass es etwas gibt, das Sie und Ihre Mutter viel zu eng verbindet.

Sie erkennen jetzt, dass Sie mit dem Körper Ihrer Mutter verbunden sind!

Sie sehen diese Verbindung.
Eine Nabelschnur!

Jetzt durchtrennen Sie diese Verbindungen.

Atmen Sie tief ein und weit aus.

»Mutter, ich habe uns jetzt entbunden.
Das ist das Wichtigste in meinem Leben!
Denn jetzt bin ich wirklich frei!«

Wie durch ein Wunder taucht jetzt eine Rose auf.
Welche Farbe hat sie?
Sie übergeben Sie Ihrer Mutter als Zeichen Ihrer Liebe.
Sagen Sie:
»Mutter, ich liebe dich, auch wenn wir entbunden sind!
Denn die Liebe muss fließen können – frei von jeglichen
Ansprüchen!«

Vielleicht umarmt Sie Ihre Mutter in Liebe, die jetzt
fließen darf.
Sie empfangen die Liebe, nach der Sie sich gesehnt
haben.

»Mutter, hier ehre und achte ich dich und dein Leben.
Ich verneige mich vor dir und deinem Leben und deinem
Schicksal, egal, wie es war und was ich weiß.
Ich kann es bei dir belassen.
Ich mache jetzt das Beste aus meinem Leben.
Schau bitte freundlich, wenn ich glücklich lebe!
Ich gehe jetzt den Weg meines Herzens.

Denn ich habe jetzt die Erlaubnis.
Mutter, ich danke dir für dieses große Geschenk!«

Ihre Mutter dreht sich jetzt um und begegnet ihrer
eigenen Mutter.
Sie überreicht ihr die Rose und sagt zu ihrer Mutter, also
Ihrer Großmutter:
»Schau Mutter, diese Rose ist von meinem Kind, als
Zeichen der Liebe.
Und ich reiche sie jetzt an dich weiter, damit auch wir
Frieden finden.«
So kann die Liebe fließen.

Sie spüren jetzt die Kraft, die fließt, wenn auch Ihre
Mutter Frieden findet.
Und hinter Ihrer Großmutter taucht nun Ihre Urgroß-
mutter auf.
Friede!

Jetzt steht auch Ihr Vater neben Ihrer Mutter.
»Danke Vater, dass auch du gekommen bist.
Ich wünsche mir auch von dir Frieden und Freiheit.«

Nun reichen Sie auch ihm eine zweite, weiße Rose, die in
Ihrer Hand auftaucht.
»Vater, du hast mir gefehlt!
Ich reiche dir die Rose des Friedens!
Bitte schaue freundlich, wenn ich mein Leben lebe!
Ich wünsche mir, dass du stolz auf mich bist und hinter
mir stehst, egal was ich tue.«
Sie entdecken, wie sich auch Ihr Vater Liebe wünscht.

Ihr Vater dreht sich jetzt um und begegnet seinem eigenen Vater.

Er überreicht ihm die weiße Rose und sagt zu seinem Vater, also Ihrem Großvater:

»Schau Vater, diese Rose ist von meinem Kind, als Zeichen der Liebe.

Und ich reiche sie jetzt an dich weiter, damit auch wir Frieden finden.«

So kann die Liebe fließen.

Sie spüren jetzt die Kraft, die fließt, wenn auch Ihr Vater Frieden findet.

Und hinter Ihrem Großvater taucht nun Ihr Urgroßvater auf.

Immer mehr Männer tauchen auf.

Friede!

Und nun drehen Sie sich um und spüren Ihre männlichen Ahnen hinter sich.

Sie alle waren vor Ihnen da.

Ihr Blut fließt auch in Ihren Adern!

Alle Ahnen stehen jetzt hinter Ihnen.

Sie spüren diese kraftvolle Energie.

»Ich bin stolz, ein Mann zu sein, ein Mann wie Ihr alle vor mir!«

»Männer … wie wir!«

Und wie durch ein Wunder taucht jetzt neben Ihnen eine oder Ihre Partnerin auf.

Egal ob Sie gerade in einer Beziehung sind oder nicht.

Und wenn Sie Kinder haben, tauchen jetzt vor Ihnen
Ihre Kinder auf.

Sie spüren die Kraft der männlichen Ahnen!
Sie drehen sich noch einmal um …
»Danke euch allen für euer gutes Erbe – es ist auch in
mir …
Ich verneige mich vor euch allen – in Liebe!
Ich erbitte und nehme euren Segen …
Denn ich schmiede den Ring jetzt weiter und zu Ende!«
Nun blicken Sie wieder nach vorn.

Was fühlen Sie jetzt?
Sie entdecken, wo Sie dieses gute Gefühl in Ihrem
Körper spüren können.
Sie berühren sich jetzt genau dort an Ihrem Körper.
Atmen Sie tief ein und weit aus. Lassen Sie dieses Gefühl
größer werden.
Und sprechen Sie folgende Sätze:

»Ich bin jetzt frei, weil ich entbunden bin!
Ich bin ein Mann!
Vater, ich spüre dich hinter mir und komme in meine
männliche Kraft!«

Was taucht jetzt auf?

Nehmen Sie sich nun Zeit und malen Sie dieses gute
Gefühl der Entbindung.
Hängen Sie das Bild an einen Ort, an dem Sie es täglich
sehen.

Wiederholen Sie diese Traumreise jede Woche einmal, sechs Wochen lang.

Die fünf Prinzipien wirkungsvoller Veränderung
Ent-Scheiden. Erkennen. Loslassen. Vergeben. Lieben.

Egal, wie Ihre Kindheit war, es sind nun einige Jahre ins Land gezogen. Und in diesen Jahren ist viel passiert. Heilsames, aber auch neue Verletzungen. Doch bei Licht betrachtet, stehen Sie heute in Ihrem Leben, weil sich aus all diesen Verletzungen auch Gutes ergeben hat: Ihre *Resilienz*. Es ist Ihre Fähigkeit und Toleranz, mit den Unwägbarkeiten des Lebens umzugehen. Ein großer Teil in Ihnen ist so geworden, wie er jetzt ist, weil er manches früher auf eine bestimmte Weise erlebt hat. Und Ihr Leben ist auch das Ergebnis dessen, was Sie heute über all das und sich selbst denken. Eines wird dabei klar: Ihre Eltern werden Sie in aller Regel nicht mehr ändern, genauso wenig, wie Sie das Rad der Geschichte zurückdrehen können. Warum auch?

An den Eltern zu arbeiten ist, als würden wir den falschen Patienten operieren!

Es geht also in erster Linie darum, wie Sie selbst das tun, was Sie tun. Oder genauer gesagt: Welche eigene Geschichte haben Sie aus Ihrer Historie gemacht und was glauben Sie über all das? Je erwachsener wir sind, desto leichter wird uns der Adlerblick auf unsere Situation fallen. Je kindlicher und infantiler wir unterwegs sind, desto trotziger wird unser Fokus auf der Ursachensuche liegen und dort haften bleiben. Wenn wir immer wieder den Grund für etwas suchen, was uns widerfahren ist, wollen wir nur eines: Recht haben.

Wer Recht haben möchte, will Liebe!

Viele meiner Klienten wollen sich nun im Erwachsenenalter entweder mit Ihren Eltern nicht mehr auseinandersetzen oder tun etwas, was ihnen selbst nicht gefällt, passen sich des Friedens wegen einfach an oder wollen ihre Eltern für etwas verantwortlich machen. In Letzterem verbergen sich die größten Missverständnisse »moderner« Selbsterfahrung. Wenn ich beginne, meine Eltern, allen voran die Mutter, an den Pranger zu stellen, wird sich nichts lösen. Denn ich werde aus der Abschiebung der Verantwortung keine Erfahrung für mich ziehen können.

Die beste Alternative ist, inneren Frieden zu gewinnen und zu erkennen, dass nur ich es bin, der seine Haltung zu etwas verändern kann. Ich bin es, der über die Wirkung in mir bestimmt. Ich setze Grenzen oder öffne mich.

Nun möchte ich Sie mit den *Fünf Prinzipien wirkungsvoller Veränderung* vertraut machen, die Ihnen beim wichtigen Schritt der Loslösung behilflich sein werden. Es sind fünf einfache Stufen, die Sie spielerisch in Ihr Leben integrieren können, immer wieder anwenden und damit Erfolg haben werden. Dieses Vorgehen kostet Sie wenig Zeit und ist dennoch hoch wirksam. Sie werden Ihre Haltung ändern und dem Leben neu begegnen. Denn es ist einfacher als Sie glauben – Veränderung darf auch leicht gehen!

1) (Ent)Scheidung = Aller Anfang

Entscheidungen fallen uns Menschen per se schwer. Wie schon der Name verrät, scheiden wir uns von dem einen und müssen uns gleichzeitig für etwas anderes erwärmen. Das tun wir sehr ungern, denn in unserer westlichen Welt sind wir es gewohnt, dass wir alles haben können, wenn wir es wollen. Was auf materielle Dinge zutrifft, könnte uns im sozialen Miteinander zum Verhängnis werden. Denn wenn wir Männer uns nicht entscheiden können, sitzen wir immer zwischen den Stühlen. Können wir uns von der Mutter nicht trennen, werden wir uns nie für eine Frau entscheiden können. Dies impliziert gleichzeitig, dass wir, wenn wir uns für eine Frau entscheiden, uns gegen unsere eigene Mutter stellen müssen. Einen solchen klaren Standpunkt einzunehmen fällt vielen von uns schwer. Und es setzt sich oft fort. Denn ebenso schwer fällt es vielen Männern, sich von einer weniger geliebten Frau wirklich, offen und ehrlich zu trennen und die neu gewonnene Partnerin offiziell anzunehmen. Und weil sich beides nicht verbinden lässt, gibt es Stress.

Deshalb steht vor der Entscheidung auch hier eine klare Ordnung. Mit meinen Klienten mache ich oft ein Beziehungsnetz. Der Klient zeichnet sich in die Mitte eines großen Blattes Papier, dann von der Mitte ausgehend alle seine Beziehungen zu den Menschen, die ihm wichtig sind. Über dieses Netzwerk, in das auch eingetragen wird, was ich gebe und was ich nehme, wird schnell klar, zu wem ich welche Erwartungshaltung habe. Überprüfe ich dann meine eigene Position zu den einzelnen Menschen, zum Beispiel als Sohn zur Mutter oder als Partner zur Frau, und trage konkret meine Erwartungshaltungen ein, kann ich feststellen, wie erwachsen meine Ansprüche wirklich sind. Ich erkenne auch falsch interpretierte, kindliche Ansprüche an meine Partnerin. Ich sichte sozusagen die energetische Landkarte meiner Beziehungen.

Was nehmen Sie in Ihrem Leben? Und von wem am meisten?
Was geben Sie in Ihrem Leben? Und an wen am meisten?

Der erste Schritt dient also dazu, Ihren Prozess der Befreiung bewusst in Bewegung zu setzen. Aktivitäten haben keinen Sinn, wenn wir uns nicht bewusst entscheiden, sie zu tun. Ich kann nicht alles gleichzeitig machen. Wenn ich das eine tue, bleibe ich das andere schuldig. So will es das Naturgesetz der Polarität. Oben und Unten. Tag und Nacht. Für und Wider.

Wenn wir uns entscheiden, dann gehen wir auf Empfang. Unsere Filter stellen sich auf den richtigen Sender ein und fokussieren das für uns Wichtige. Öffnen Sie also den Zugang zu Ihrem Herzen!

Wenn Sie an Ihre Mutter denken, was taucht dann auf?
Stellen Sie sich eine reale Situation vor. Was passiert da gerade?
Welche Gefühle machen sich jetzt in Ihnen breit?
Machen Sie das Gefühl in Ihrem Körper aus. Wo ist es genau?
Und nun »nehmen« Sie dieses unangenehme Gefühl und separieren es.
Stellen Sie dieses Gefühl einfach in die Ecke des Raumes.
Dort steht es jetzt, einfach so.

Wie geht es Ihnen ohne dieses Gefühl?
Können Sie sich jetzt entscheiden, dieses Gefühl zu verändern?

Was möchten Sie in diesem Moment ändern?
Worum geht es Ihnen wirklich?

Was wäre das Schönste, was aus dieser Situation erwachsen könnte?

Jetzt sind Sie an Ihrem wahren Schmerz angekommen. Er hat soeben das Kommando übernommen. Das halten Sie aus oder Sie beginnen zu vermeiden.

2) Erkennen = Vermeiden vermeiden

Was tun Sie da überhaupt? Sollte Ihnen diese Übung noch nicht gelingen, arbeiten Ihre inneren Filter gerade. Gegen Sie. Ihr innerer Kritiker erzählt Ihnen gerade, dass dies bestimmt bei allen anderen Lesern funktioniert, aber eben nicht bei Ihnen? Dass das dann doch etwas zu platt ist, so kann man nun wirklich nicht weiterkommen? Doch!

Sie erkennen jetzt, dass Sie selbst die Ursache für Dinge sind, deren Auswirkungen Sie sich gar nicht bewusst sind. Auch wenn Sie vermeiden. Und wenn Sie ehrlich zu sich selbst sind, können Sie nun auch schon die Vermeidungsstrategien in Ihren Beziehungen ausloten. Immer wieder entlarve ich gemeinsam mit meinen Klienten deren Strategien, die dazu führen, etwas nicht tun zu müssen oder sich nicht darauf einlassen zu müssen:

Müdigkeit. Geht Ihr Energielevel nach unten, wenn Sie mit Ihrer Mutter zusammentreffen, über die Mutter sprechen oder an sie denken? Dann können Sie davon ausgehen, dass Sie mit Ihrer Mutter so weit im Unfrieden sind, dass Sie sie als »Energiestaubsauger« bezeichnen können.

Was an diesem Thema macht sie so müde?

Unpünktlichkeit. Zu spätes Erscheinen erspart uns manche Gespräche und das Sich-Einlassen auf unsere Mutter. Wenn wir

Männer unpünktlich sind, verhalten wir uns eher wie pubertäre Jungs, denen es egal ist, wie andere über sie denken. Woran könnte das liegen? Es werden Grenzen überschritten. Ich strapaziere die Zeit der anderen? Möglicherweise sind auch früher schon die Grenzen der Mutter überschritten worden? Wenn ich Pünktlichkeit als Einschränkung meiner persönlichen Freiheit betrachte, keine sinnvolle, bewusste Zeit für meine Wurzeln aufbringen möchte, erkenne ich einen Widerstand in Bezug auf meine Mutter.

Müssen Sie schon wieder los?

Vernebeln. Spielt Alkohol eine große Rolle in Ihrem Leben, wenn Sie an Begegnungen mit Ihrer Familie denken? Müssen Sie sich vernebeln oder locker machen, wenn Sie auf Ihre Mutter treffen? Dann umschiffen Sie den wahren emotionalen Kontakt mit ihr! Der Grund für Ihre schwache Position ist der fehlende Vater, der Ihnen den Rücken stärken müsste und die elterliche Verantwortung der Familie mit Ihrer Mutter klärt. Sucht ist in unserer sozialsystemischen Arbeit die Suche nach dem Vater. Sich in eine leichtere Welt einzuladen und dies durch Alkohol zu unterstützen zeigt, dass Sie Ihren Mann in der realen Welt nicht wirklich stehen können.

Stehen Sie im Nebel?

Jammern. Entdecken Sie, dass Sie über sich und ihre Familie, insbesondere ihre Mutter, immer wieder jammern? Beklagen, dass sich nichts ändert und Sie doch so viele Ideen hätten? Dann gehören Sie vielleicht auch zu den Männern, die mehr jammern als sie wirklich in Bewegung bringen. Jammern heißt, dass man gar nichts ändern möchte, aber Zuwendung erwartet.

Welche Zuwendung erwarten Sie von Ihrer Mutter?

Streiten. Geht es Ihnen auch so, dass Sie mit Ihrer Mutter immer wieder streiten und die eigentlichen Themen, die Sie selbst betreffen und die Ihnen auf der Zunge liegen, nie angesprochen werden? Wie könnten Sie Ihrer Mutter ehrlich begegnen? Hilfloses Streiten dient nur dem Zweck, sich lösen zu wollen und nicht zu wissen wie.

Können Sie sich von Ihrer Mutter nicht altersgemäß lösen?

Schmerzen. Wenn wir Männer immer wieder kleine Zipperlein und Schmerzen haben, ist das für viele von uns oftmals das Ringen um eine Auszeichnung seitens der Mutter: »Schau her, was ich alles tue …!« oder »Schau, ich bin genauso bemitleidenswert wie du …!« Doch worum geht es wirklich? Schmerzen sind subjektive Gefühlswelten. Was wünschen Sie sich anstelle der Schmerzen?

Was wollen Sie nicht wirklich fühlen und anstelle wovon setzen Sie den Schmerz?

Vermeidung. Gehen Sie Gesprächen und Telefonaten mit Ihrer Mutter aus dem Weg? Vermeidung heißt, Grenzen zu ziehen oder ziehen zu müssen, weil wir uns nicht anders wehren können.

Vermeiden Sie den Kontakt?
Glauben Sie, dass Sie Ihnen wieder zu nahe kommt?

Selbstmitleid. In den Gefühlen absaufen. Uns Männern unterstellt man oft, dass wir nichts fühlen. Das erlebe ich anders. Viele Männer sind überwältigt von Gefühlen. Oftmals erst von den

Gefühlen anderer, weil sie selbst nur eines fühlen: Selbstmitleid. Diese Eigenbetrachtung verschafft uns eine Perspektive zu uns und versetzt uns in eine Opferhaltung mit dem Wunsch, gesehen zu werden.

Leiden Sie?

Gefühllosigkeit. Ein »Gefühl der Gefühllosigkeit« überfällt uns dann, wenn wir Männer unsere eigene Überlastung nicht mehr wahrhaben wollen. Keine Gefühle zu finden, zeugt von einer großen Orientierungslosigkeit, die durch weiteren Aktionismus überdeckt wird. Wir tun das andere, um das eine zu vermeiden: Nähe.

Fühlen Sie sich ausgebrannt?

Welche Vermeidungsstrategie pflegen Sie?
Was wünschen Sie sich anstelle dieser Strategie?

3) Loslassen = Akzeptieren

Annehmen was ist. Punkt. Das ist an sich eine einfache Übung, wenn wir es uns nur endlich einfach machen würden. Doch es ist so, wie es ist. Wir können uns daran erinnern, dass wir uns gestern gekämmt haben, es jetzt in diesem Moment erneut tun und darüber nachdenken, es morgen auch tun zu können. Zeit ist relativ, das Jetzt ist greifbar, nichts sonst. Ergeben wir uns einfach der Theorie, gestern das Bestmögliche getan zu haben, was wir tun konnten, eben gar keine andere Wahl gehabt zu haben. Es ist so, wie es ist. Dann wird es leicht, weil weniger anstrengend.
Wenn ich diese Akzeptanz nun wirklich schaffe, kann sich in mir ein weiteres, neues Gefühl breit machen: Dankbarkeit, für

das, was ist. Sie sehen, weil Sie gerade lesen. Sie hören, was Sie gerade wahrnehmen. Sie schmecken das letzte Getränk in Ihrem Mund und Sie fühlen das Buch in Ihren Händen. So einfach ist das. Es ist alles da. Können Sie es schätzen?

Diese Form der Dankbarkeit hat viel mit Demut zu tun, Demut auch gegenüber dem Geschenk des eigenen Lebens. Dieses Gefühl können Sie nur empfinden, wenn Sie akzeptieren, also mit dem Mäkeln, Werten und Kritisieren aufhören.

Das schönste am Leben ist das Leben.

Konsequenterweise hören wir ganz automatisch auf zu urteilen, wenn wir das begreifen. Denn wenn Sie urteilen, gehen Sie mit anderen ins Gericht und stellen sich über sie. Wenn Sie den Anspruch haben zu verzeihen, machen Sie sich ebenfalls größer. Werden Sie größer, weil Sie verurteilen oder verzeihen, »stellen« Sie sich über Ihre Eltern – damit laden Sie sich noch mehr in Ihren Lebensrucksack, werden noch verantwortlicher für Dinge, die Sie eigentlich gar nichts angehen. Ein Kind muss weder verstehen noch muss es vergeben. Alles andere wäre pure Anmaßung!

Wenn Sie jetzt beginnen zu akzeptieren, loszulassen und nicht mehr bewerten, verurteilen oder verzeihen, werden Sie bemerken, dass Sie sich gegenüber Ihrer Mutter plötzlich »kleiner« fühlen – ein gutes Zeichen, das wir Männer in der Regel nicht kennen. Weil unser mühevoll erworbenes Männerbild von uns verlangt, dass wir immer groß sein sollen: Ein echter Mann ist groß und spürt auch keinen Schmerz.

Erst wenn dieser Größenunterschied, »Ich bin der Kleine, du bist die Große!«, anerkannt wird, kann ich als Kind endlich erwachsen werden. Klingt paradox, ist aber so. Übrigens, dieses Größenverhältnis bleibt immer bestehen, im Leben und auch nach dem Tod Ihrer Mutter.

Entlastung: Mutter ist die Große.

Hören Sie gut auf sich! Wenn Ihnen diese »Ordnung« beim Lesen dieser Zeilen nicht schmeckt, dann steckt tief in Ihnen die alte Überzeugung, dass Ihre Mutter schwach und hilfsbedürftig ist. Damit bleiben Sie in der Verstrickung und übernehmen weiterhin Verantwortung, die nicht zu Ihnen gehört. Auch eine gewisse Anmaßung schwingt dabei mit, um weiterhin dem Alten und der Verstrickung mit der Mutter treu bleiben zu dürfen. Denn wenn Sie für Ihre Mutter weiterhin die Verantwortung übernehmen, ist sie schwach und Sie sind stark. Das gibt Ihnen Macht und macht Ihre Mutter ohnmächtig. Damit bedienen Sie alte Muster und bleiben verstrickt.

Wenn Sie jedoch emotional »kleiner« werden und die Mutter gefühlt »größer«, akzeptieren Sie das Schicksal und das Leben Ihrer Mutter und damit auch das Ihrige. Sie sind frei.

Ich danke dir für mein Leben!
Den Rest mache ich jetzt selbst!

Das wird Sie versöhnen und in Frieden bringen, weil Sie damit einen inneren Prozess der Wertschätzung angehen. Und das Wesentliche ist, dass es Ihr alleiniger Weg ist, den Sie mit sich selbst gehen. Sie müssen nichts und niemanden darüber in Kenntnis setzen, am wenigsten Ihre Mutter.

4) Vergeben = Erlaubnis

Jetzt blicken wir tief in Ihren Lebensrucksack. Genau in diesem verbirgt sich einiges, was direkt mit Ihrer Mutter zu tun hat. Das wurde Ihnen jetzt bewusst. Und wenn Sie das Schicksal Ihrer Mutter achten konnten, geht es nun darum, Ihr eigenes Schicksal – wie immer es war – zu sichten. Denn viele von uns laufen mit einem ständigen schlechten Gewissen, mit Schuld, Scham und Minderwertigkeitsgefühlen, durch ihr Leben. Oftmals äußern sich diese Gefühle durch große Aggressionen. Im Straßenverkehr ebenso wie sogar in kriminellen Delikten. Auch hier wird also wieder das Unbewusste, das Verborgene in uns erweckt und zeigt Wirkung. Es ist an der Zeit, eine Lebensinventur zu machen und neu Bilanz zu ziehen – und uns selbst zu vergeben.

Aus vielen unserer unbewussten Gefühle, die durch andere in uns ausgelöst wurden, entstehen Gedanken, die uns selbst verurteilen. Wir betreiben damit ein ganz unbewusstes *Selbstsabotageprogramm*. Es ist an der Zeit, sich selbst zu vergeben, um sich bewusst zu machen, wie lieblos, hart und unbarmherzig wir zu uns selbst sein können. Denn diese Selbstsabotageprogramme haben sich oftmals in Jahrzehnten fest in uns installiert. Wir können sie nur demontieren, indem wir wieder auf unser Herz hören und unsere Gefühle ganz bewusst erleben.

Hierzu empfehle ich Ihnen noch ein Ritual. Suchen Sie sich einen schweren Gegenstand. Einen Stein oder etwas mit ähnlicher Symbolkraft für Ihr eigenes Schicksal. Darin ist nun all das, was Sie aus der Kindheit belastet, insbesondere das, was Sie selbst schon über Ihre Beziehung zur Mutter erfahren haben. Wählen Sie für diesen schweren Gegenstand einen besonderen Platz zu Hause oder in der freien Natur aus, spüren Sie die Schwere des Gewichts dieses Gegenstandes und fühlen Sie nach, wie schwer Ihr Schicksal wohl wiegt. Lassen Sie all das Belastende, was Sie mit diesem Symbol in Zusammenhang bringen, vor Ihrem inneren Auge vorbeiziehen und lassen Sie es in diesen Gegenstand fließen, gewissermaßen von Ihrem Inneren in das Äußere. Nehmen Sie sich Zeit nachzuspüren. Und nun gehen Sie folgenden Fragen nach:

Folgendes belastet mich sehr: ...
Ja, ich habe Fehler gemacht.
Ja, ich hätte auch manches besser machen können.
Ja, ich bin mir manchmal selbst nicht gut genug.
Ja, ich habe mir damit oftmals zu viel zugemutet.
Ja, ich wollte gut sein.
All das ist menschlich und hat mit mir und meinem
Schicksal zu tun.

Ja, ich vergebe mir jetzt für all diese Verurteilungen, Verpflichtungen und Glaubenssätze, die ich mir selbst auferlegt habe.
Ich vergebe mir.
Denn ich habe es so gut gemacht wie ich nur konnte.
Es gab eine Zeit, da wusste ich es einfach nicht besser!
Diese Zeit ist jetzt vorbei.
Ich vergebe mir.

Mit diesen rituellen Sätzen können Sie sich so annehmen und akzeptieren wie Sie sind. Damit sind Sie Ihrem Frieden nah. Wiederholen Sie dieses Ritual immer wieder, bis Sie die Leichtigkeit in sich spüren, die Sie immer haben wollten.

Ja, hier und heute vergebe ich mir selbst.

5) Liebe = Das Elixier

Für uns Männer kann es eine große Herausforderung sein, dem eigenen Herzen zu folgen. Viele von uns kennen ihr Herz nur vom Kardiologen und frühestens dann, wenn sie mit Bluthochdruck den Arzt konsultieren müssen. Doch dieser so wesentliche Muskel im energetischen Zentrum Ihres Körpers hat noch viele weitere Möglichkeiten, derer wir uns oftmals nicht bewusst sind. Auch Ihr Herz ist in eine ganz universelle Energie eingebunden und hat stets Zugriff auf ein größeres Ganzes und damit die Möglichkeit, Ihnen ganz unmittelbar und spontan wesentliche Informationen und Impulse zu geben. Das ist oft nicht mehr als ein ganz feines, leichtes, inneres Gefühl, zart wie ein neu gepflanztes Blümchen, das wir – wenn wir nicht achtsam sind – schneller zertreten können, als es wachsen wird.

Die Stimme des Herzens hat keine logische Erklärung – sie ist ein spontanes Gefühl. Es ist nun an der Zeit, dass Sie Ihren Herzenskontakt aufnehmen, der für Ihr weiteres erfolgreiches Fortkommen so elementar wichtig ist. Ihr Kopf kann Zusammenhänge analysieren, kombinieren, vergleichen und bewerten. Das ist äußerst hilfreich, um die Routinearbeiten des täglichen Lebens zu absolvieren. Ihr Kopf hilft Ihnen, Dinge des täglichen Bedarfs wie Autofahren, Computer bedienen, Entscheidungen treffen, Termine festlegen und vieles mehr mit Minimalaufwand zu erledigen. Damit zeigen Sie sich äußerst lernfähig, denn all das konnten Sie als kleines Kind noch nicht. Damals haben Sie Informationen auf einer Ebene aufgenommen, die Ihnen zwar nicht fremd, aber eben auch nicht bewusst war. Aus heutiger Sicht könnte man sagen, Sie haben alles ganz spielerisch und einfach verarbeitet – aber es ist viel mehr.

Als Kind konnten Sie noch mit dem Herzen sehen!

Das ist eine Qualität, die uns, wenn es die vorangegangene Erziehung nicht geschafft hat, spätestens in der Schule ausgetrieben wurde, weil sie keinen Maßstab zulässt. Damit zog die Stimme Ihres Herzens ins Nirwana. Zu diesem Zeitpunkt waren Sie bereits mit einem, sagen wir, universellen kollektiven Bewusstsein verbunden, was weit über die Möglichkeiten Ihres Verstandes hinausging. Sie haben es auch nie hinterfragt. Heute, in meiner täglichen Arbeit als Coach und Therapeut, erlebe ich dieses sogenannte »wissende Feld« mit meinen Klienten und in der Arbeit mit der systemischen Familienaufstellung. Diese ganz besondere Art der Intelligenz, die jenseits objektiv messbarer Wahrheiten liegt, lässt uns bewusst über unseren unbewussten Tellerrand hinausblicken. Damit gelingen uns kreative und unmittelbare Einsichten, die im Gesamtkontext unseres Lebens Sinn ergeben. So bekommen Sie Zugang zu Ihrer ureigenen Weisheit und Intuition.

Um wieder an diesen ehemals einfachen Impuls zu kommen, müssen wir eine Möglichkeit finden, unseren Kopf auszuschalten. Wir müssen es schaffen, unseren automatischen Denkapparat für den Bruchteil einer Millisekunde in die Schranken zu weisen, um den Weg für unsere Herzensqualität freizumachen. Im Marketing würden wir jetzt von einer Kernbotschaft sprechen, die wir darstellen und vermitteln wollen. Dem USP, unique selling point, also dem Alleinstellungsmerkmal, der einzigartigen griffigen Aussage, die uns wirklich weiterbringt: Der Botschaft Ihres Herzens!

Den Schmerz zur Perle machen.

Wir sind jetzt bei der letzten Stufe der fünf Prinzipien wirkungsvoller Veränderung angekommen, die Ihnen bei der Loslösung
helfen. Und nun gilt es, den gehobenen Schatz des Schmerzes
aus dem ersten Punkt »Entscheidung« noch einmal deutlich
wahrzunehmen. Sich darüber klar zu werden, für was Sie sich
entschieden haben. Was Sie verändern möchten. Und was das
Schönste wäre, das aus dieser Situation erwachsen könnte.
Nun sehen Sie auch wieder die Person, mit der dieser Schmerz
verbunden ist. Es ist Ihre Mutter. Und genau für diesen Schmerz,
in dieser Situation mit Ihrer Mutter erhalten Sie von mir das ul-
timative *Elixier der Transformation*. Mit nur einem einzigen Satz
haben Sie nicht nur die Möglichkeit, etwas zu wandeln, sondern
auch, sich mit der emotionalen Botschaft zu verbinden, um die
es wirklich geht: Liebe. Liebe ist die stärkste Verbindung in unseren Beziehungen und gleichzeitig das größte Heilmittel.

Das Elixier lautet:
»WAS WÜRDE DIE LIEBE JETZT SAGEN?«

Ja, das ist der einzige Satz, das einzige Elixier, das Ihnen den direkten Zugang zu Ihrem Herzen gewährt. Er ist, wie gesagt, nur
ein Impuls, der durch Sie fließt, eine Schwingung. Sofort danach schaltet sich der Kopf ein und sagt Dinge, die jetzt besser
zu tun oder zu lassen wären.
Mit diesem Satz können Sie jederzeit wieder an diese besondere Energie in Ihrem Herzens anknüpfen. Jeden Tag, jede Stunde, jede Minute, jetzt. Sie können bereits spielerisch damit umgehen, indem Sie sich jetzt gerade fragen: »Was würde die Liebe
jetzt sagen?« Und Sie erhalten sofort eine Antwort: Weiterlesen?
Pause machen? Sich dem Partner zuwenden? Sich selbst etwas
mehr lieben …? Alles, was kommt, wird stimmen, wenn Sie es

zulassen und wenn Sie zuhören können. Probieren Sie es gleich aus! Zögern Sie nicht! Jetzt!

Sie können dieses Elixier, diesen einzigen Satz immer wieder ausprobieren: am Kiosk, in der U-Bahn, mit Kollegen und mit der Partnerin. Sie werden niemals falsch liegen, können niemals damit Unrecht tun, bleiben immer ganz bei sich und können gleichzeitig niemand anderen damit verletzen! Was für eine Qualität!

Viel Erfolg, zu Ihrem Wohl und zum Wohl des Ganzen!

Drittens. Glauben = Neues verinnerlichen

Nach den ersten beiden und besonders wichtigen Schritten unseres Übungsprogramms O. L. G. A., dem Ordnen und dem Loslassen, folgt nun die Nacharbeit: Das Glauben – vor allem an Sie selbst, Ihre Fähigkeiten, Ihren Wert und Ihr Potenzial für ein glückliches Leben.

Sie glauben mehr als Sie wissen! Der Glaube und die Sichtweise Ihrer heutigen Welt wird maßgeblich davon bestimmt, was Ihre Mutter der Kindheit über das Leben, sich selbst und Sie geglaubt hat. Ob dies richtig oder falsch ist, ist mühselig zu bewerten und ohne Relevanz. In jedem Fall wird es bei Ihnen Wirkung zeigen. Unsere Gedanken und der Glaube über uns erschaffen unsere Realität.

Unsere Gedanken und unser Glaube sind in frühester Kindheit für uns in Form gebracht worden.

Es kann auch ein Nichtglaube an uns selbst sein, der uns immer wieder ausgrenzt und ausbremst. Hören wir uns in Ihrer Kindheit um, dann erfahren wir Sätze, die gefallen sind und noch heute als schwerwiegende Worte ihn Ihnen tönen, als Glaubenssätze zu Ihnen sprechen und Ihren Weg begleiten. Wir betreten den Raum geheiligter Worte. Das sind Worte, die uns in frühester Kindheit schwer beeindruckt haben, Worte von »geheiligten« Eltern, von deren »Segen« wir uns bis heute nicht erholt haben. Durch ihre geheiligten Worte werden sie für uns als Kinder zum erhabenen Gesetzgeber.

Gebote und Verbote unserer Eltern begrenzen uns –
ein Leben lang.

Natürlich benötigt jeder von uns als kleiner Junge bestimmte Leitplanken, um uns den Bereich aufzuzeigen, den wir nicht überschreiten sollten. Und natürlich gibt es vieles, das die Mutter besser wissen sollte. Doch der Grenzbereich, der uns gesetzt wird, ist eigentlich der Grenzbereich, in dem sich unsere Mutter aufhält, und somit nicht zwangsläufig gleichzeitig der Rahmen, der unserer Persönlichkeit entspricht. So haben wir diese für uns unpassenden Worte, Aussagen und Begrenzungen verinnerlicht und tun uns schwer, im Erwachsenenleben diese Grenzen zu überschreiten und unsere »gesetzliche« Komfortzone zu verlassen. Denn diese begrenzenden Worte gaben uns ursprünglich Sicherheit. Wir könnten sie heute hinter uns lassen, aber es könnte ja unbequem werden …
Vielleicht reproduzieren wir auch ebendiese Grenzen und geben sie an unsere Kinder weiter, während wir darin gleichzeitig wieder unsere Mutter sprechen hören. Wir haben die Botschaft dann originalgetreu gespeichert und geben Sie unreflektiert an unsere Nachfolger weiter. Die überlieferten Botschaften sind nicht die unseren. Wir erheben uns nun auch für unsere Kleinen zu Heiligen, nach denen sie sich richten. Denn die Gebote und Verbote sind mit ungeheurer moralischer Kraft überliefert.

Wahrscheinlich schon von den Eltern Ihrer Eltern, ohne durch die Weisheit ihrer Eltern gefiltert worden zu sein.

Geben wir diese Gebote und Verbote weiter, bleiben wir unseren Eltern weiterhin treu und sind ihnen loyal. Wollen wir unser eigenes befreites Leben führen, gilt es, diese geheiligten Worte, Gebote und Verbote zu überprüfen.

Gehen Sie nun nur nach Ihrem Gefühl und lassen Sie uns diese Leitplanken erweitern, den Rahmen größer stecken. Sie werden sehen: Es verändert sich Ihr Gefühl Ihnen selbst gegenüber und gegenüber Ihrer Mutter!

Darf ich Sie nun auf eine Tour in Ihre Kindheit einladen?
Kennen Sie eines oder mehrere Gebote und Verbote?
Entdecken Sie dabei, was Sie möglicherweise als Kind geprägt hat.
Und spüren Sie, wie sich eine neue erwachsene Sichtweise anfühlt.

Woher kommen unsere »blockierenden« Glaubenssätze?

Hier finden Sie ein Glossar von Geboten und Verboten, die möglicherweise auch zu Ihren Glaubenssätzen geworden sind.

Schämen – »Du solltest dich schämen!«
Mutter meint: »Junge, du hast etwas gemacht, das mir peinlich ist!«
Glaube für Sie als Junge: »Andere in der Familie sind besser als ich!«
Neue erwachsene Idee: »Ich gehöre dazu!«

Schlimm – »Du bist ein schlimmer Bursche!«
Mutter meint: »Junge, du hast ein Tabu gebrochen!«

Glaube für Sie als Junge: »Bin ich ein schlechter Mensch?«
Neue erwachsene Idee: »Mir gefällt, was ich tue!«

Unanständig – »Du bist nicht anständig!«
Mutter meint: »Junge, was du tust ist widerwärtig und ekelhaft!«
Glaube für Sie als Junge: »Bin ich schmutzig?«
Neue erwachsene Idee: »Ich erlaube mir zu sein und zu handeln, wie es mir gefällt!«

Töricht – »Sei doch nicht töricht!«
Mutter meint: »Junge, was du tust ist überflüssig!«
Glaube für Sie als Junge: »Wenn ich etwas anders mache, ist das falsch!«
Neue erwachsene Idee: »Ich erlaube mir, völlig Sinnfreies zu tun!«

Brav – »Sei brav!«
Mutter meint: »Junge, mache es so, wie ich es will!«
Glaube für Sie als Junge: »Muss ich alles von dir gut finden, Mama?«
Neue erwachsene Idee: »Es ist deines – ich bin frei!«

Schlechtes Gewissen – »Denk mal nach, Du solltest ein schlechtes Gewissen haben!«
Mutter meint: »Junge, du verstößt gegen eines meiner Gebote!«
Glaube für Sie als Junge: »Ich habe Unrecht begangen!«
Neue erwachsene Idee: »Ich trage meines, du deines!«

Müssen – »Man muss schon …!«
Mutter meint: »Tu, was ich von dir will, sonst …!«
Glaube für Sie als Junge: »Sind die anderen besser als ich?«
Neue erwachsene Idee: »Ich darf mein Leben leben!«

Leute – »Was werden die Leute sagen?«
Mutter meint: »Ich habe Angst vor der Kritik anderer!«
Glaube für Sie als Junge: »Ich muss mich anpassen!«
Neue erwachsene Idee: »Ich beziehe Position und bin gerne offen, klar und deutlich!«

Richtig – »Mache es bitte so und richtig!«
Mutter meint: »Es gibt klare Gesetze und Richtlinien, die ich befolge!«
Glaube für Sie als Junge: »Ich mache etwas falsch!«
Neue erwachsene Idee: »Ich entscheide!«

Sünde – »Es ist eine Sünde!«
Mutter meint: »Es gibt ein Gesetz über dir, dass ich einsetze, wenn ich hilflos bin!«
Glaube für Sie als Junge: »Ich werde so, wie ich bin, nicht geliebt!«
Neue erwachsene Idee: »Ich bin getragen und lebe mit meinem eigenen Glauben!«

Heutzutage – »Was ihr heutzutage alles macht!«
Mutter meint: »Die Moral geht vor die Hunde, es macht mir Angst!«
Glaube für Sie als Junge: »Ich habe keinen Wert!«
Neue erwachsene Idee: »Ich bin wertvoll!«

Morgen – »Denke doch bitte mal an morgen!«
Mutter meint: »Plane, strukturiere und informiere mich, damit ich sicher bin!«
Glaube für Sie als Junge: »Ich habe wenig Spielraum!«
Neue erwachsene Idee: »Ich genieße mein Tun!«

Wir – »Wir tun das nicht!«
Mutter meint: »Du verstößt gegen Traditionen!«

Aussage für Sie als Junge: »Ich bin anders, bin ich o. k. so?«
Neue erwachsene Idee: »Ich achte euer Schicksal!«

Undankbar – »Du bist wieder undankbar!«
Mutter meint: »Ich tue viel für dich, deshalb bist du in meiner Schuld!«
Glaube für Sie als Junge: »Ich bin schuldig!«
Neue erwachsene Idee: »Danke!«

Du solltest nicht – »Denke doch nach, du solltest das nicht tun!«
Mutter meint: »Wenn du das tust, bin ich verunsichert!«
Glaube für Sie als Junge: »Ich muss gehorchen!«
Neue erwachsene Idee: »Ich darf!«

Nie – »Wir tun das niemals!«
Mutter meint: »Es ist verboten!«
Glaube für Sie als Junge: »Es gibt keine Möglichkeiten für mich!«
Neue erwachsene Idee: »Mein Leben ist eine Geschichte mit offenem Ausgang!«

Man – »Man tut das nicht!«
Mutter meint: »Es gibt Vorschriften, die wir befolgen!«
Glaube für Sie als Junge: »Ich darf nicht träumen!«
Neue erwachsene Idee: »Ich nehme und gebe!«

Kommt Ihnen etwas bekannt vor?
Fallen Ihnen noch weitere Beispiele ein?

Wenn es einen Glauben gibt, der Berge versetzen kann,
so ist es der Glaube an die eigene Kraft!
Marie von Ebner-Eschenbach

Was Sie glauben, wirkt.

Für mich ist heute noch immer beeindruckend, was uns die Placebo-Forschung zeigt. Mittlerweile wissen wir, dass Placebos bis zu immerhin 30 % Wirkung zeigen, wenn derjenige, der das Medikament verabreicht, weiß, dass es ein Mittel ohne Wirkung ist (im Gegensatz zu demjenigen, der es einnimmt). Weiß er dies nicht und glaubt ebenso wie der Patient an die Wirksamkeit des Medikaments, kann sich die Wirkung auf bis zu 80 % steigern!

Es ist also allein der Glaube, der die Wirkung fast verdreifacht!

Hirnforscher entdecken immer mehr, wie die Seele die Biologie des Körpers verändert, um sogar Krankheiten zu überwinden. Mittlerweile können wir wissenschaftlich nachweisen, dass Meditation die Biochemie des Gehirns verändert. »Es sei der Geist, der sich den Körper baut.« schrieb schon Friedrich Schiller im *Wallenstein*. Mehr denn je erkennen Neurowissenschaftler, wie richtig der Dichter und examinierte Arzt damals lag: Die Seele verändert den Leib.

Wir sind also im wahrsten Sinne des Wortes unseres eigenen Glückes Schmied, was im Umkehrschluss auch bedeutet, dass wir für unser »Unglück« möglicherweise selbst verantwortlich sind. Allein Ihr Glaube macht den Unterschied!
Sehr eindrucksvoll beweist das auch eine Studie der Harvard-Psychologin Ellen Langer aus dem Jahr 1979. Eine Gruppe von Männern um die 80 Jahre wurde für eine Woche auf eine Art Zeitreise in ein abgelegenes Haus geschickt. Dieses Haus hatte eine Besonderheit: Alles war eingerichtet wie 20 Jahre zuvor: Back to 1959! Vor der wissenschaftlichen Reise in die Vergangenheit wurde vereinbart, dass die Männer über alles sprechen dürfen, nicht jedoch über ihre eigene Vergangenheit und über

nichts, was nach dem Jahre 1959 stattgefunden hatte. Die Verwandlung war verblüffend. Die zu Beginn hilfsbedürftigen Männer kamen plötzlich wieder alleine zurecht. Sogar ihr Gehör, ihr Gedächtnis und ihre geistige Flexibilität verbesserten sich! Der Blutdruck sank. Es wurde im Rahmen dieser Forschungsarbeit erstmals wissenschaftlich erwiesen, dass es für die Probanden ein wahrhafter Jungbrunnen war, so zu tun, als wären sie jünger – also fest daran zu glauben!

Das lässt den ermunternden Schluss zu, dass, wer glücklich werden will, sich so verhalten sollte, als wäre er es schon. Lachen hebt die Stimmung, Power-posing, also zum Beispiel die Hände hinter dem Kopf falten und lässig im Stuhl zurücklehnen, stärkt das Selbstbewusstsein, ein aufrechter Gang verschafft Respekt! Menschen, die ihre Hände vor der Brust verschränken, halten bei schwierigen Aufgaben doppelt so lange durch. Derlei Beispiele gibt es viele und all das hat nichts mit Esoterik oder pseudo-positivem Denken zu tun. Ihr Geist ist willig – wenn Sie wirklich wollen!
Doch was ich hier versuche, unter Beweis zu stellen, müssen Sie gar nicht unbedingt glauben, damit unsere Veränderung gemeinsam gelingt. Denn wie Gerald Hüther, Professor für Neurobiologie, immer wieder erwähnt, ist Ihr Gehirn ein Sozialorgan und kann sich somit seinen sozialen Umgebungen immer wieder anpassen, da es eine eingebaute »Selbstoptimierungsfunktion« hat. Ihr Gehirn ist ein soziales Produkt und für die Gestaltung von sozialen Beziehungen optimiert. Haben Sie also die sozialen Beziehungen Ihres Familiensystems geklärt und geordnet, insbesondere die Beziehung zu Ihrer Mutter, werden sich die meisten weiteren Beziehungen und konsequenterweise Ihre Lebensqualität ganz automatisch verändern. Denn entsprechend den Aufgaben, die zu bewältigen sind, strukturieren sich die Verbindungen zwischen den Nervenzellen im Denkorgan

ein Leben lang immer wieder um – häufig genutzte Signale werden gestärkt, weniger Gebrauchtes wird abgebaut.

Wenn Sie also nun Ordnung geschaffen haben und Ihren Weg der Entbindung gegangen sind, erhält Ihr Gehirn ganz automatisch die Informationen, die Ihnen den Weg in die neue Freiheit ebnen. Eigentlich müssten Sie sonst nichts tun. Ist das nicht eine gute Nachricht?

Viertens. Auswirkung/Achtsamkeit = Positive Resonanz

Schon wieder eine gute Nachricht: Ähnlich wie in der Rubrik »Glauben« müssen Sie für den letzten Punkt in unserer Auflistung O. L. G. A., die Auswirkungen, nichts Wesentliches tun. Eigentlich können Sie auch nichts dafür tun, denn die Reaktion Ihres Umfelds und somit die Auswirkungen auf Ihr persönliches Lebensglück werden sich einfach ereignen, wenn Sie die ersten drei Punkte Ordnung, Loslösung und Glauben, also Ihre Entbindung *wirk*-sam und *wirk*-lich beherzigen.

Auswirkung ist das, was auf Sie wirkt: Resonanz.

Wenn Sie Ihre Bindung zu Ihrer Mutter in Frieden gelöst haben und diese zu einem tragfähigen Mutter-Sohn-Verhältnis geworden ist, wird sich eine Resonanz im Außen auf natürliche Weise einstellen, die Sie vorher nicht absehen konnten. Vergleichbar mit einem Radio, das auf einen bestimmten Sender eingestellt ist und zur gleichen Zeit keine anderen Sender empfangen kann, werden Sie mit Ihrer Umwelt nicht in Kontakt sein und bestimmte Dinge nicht wahrnehmen können, wenn Sie »Ihren Sender« nicht darauf geeicht haben.

Der Amerikaner William S. Condon hat nachgewiesen, dass menschliche Kommunikation in energetischer Resonanz geschieht. Wir reagieren nicht nur auf ein gesprochenes Wort, sondern auch auf mimische Bewegungen und Energien. Nichtbeachtung und damit Liebesentzug, also Entzug der zwischenmenschlichen Resonanz, ist auch für Kinder die härteste Strafe, die sie erfahren können. Diese Kontaktlosigkeit kann bis zum Wunsch nach Schmerz gehen. Eine Klientin berichtete davon, dass sie ihren Kopf an die Wand schlagen musste, bis er blutig wurde, nur um Rhythmus und Resonanz zu spüren, weil ihr die Eltern Resonanz und damit gefühlt den Halt versagten.

Wir alle erfahren Resonanz und Auswirkung im täglichen Leben. Wir gehen in Konzerte, obwohl wir Tonträger zu Hause haben. Resonanz ist eine zwischenmenschliche Notwendigkeit. Je mehr wir in Resonanz gehen und dann die folgenden Auswirkungen erleben, desto berührender und schöner wird das Erlebnis »Leben« für alle Beteiligten. Auch in Gruppenarbeiten erleben wir höchstmögliche Resonanz im Miteinander und damit Wirkung zur Veränderung. Unser aller Probleme entstehen im Miteinander und wir lösen sie auch nur im Miteinander.

Heilung erfolgt in Resonanz. Miteinander ist Resonanz.

Resonanz und in Folge Achtsamkeit ist auch eine Einstellungssache. Wenn wir mit dem jeweiligen Augenblick wirklich in Resonanz gehen, ergeben sich Gefühle der Einheit, des Friedens und oftmals auch des Wohlgefühls. Wir sind im besten Falle frei von Bewertungen, machen nichts gut oder schlecht, sondern fühlen ein »Ja« zum erlebten Moment. Wenn wir Ordnung schaffen, etwas reinigen oder säubern, können wir zum »Putzen« als solches werden – oder wir können uns darüber aufregen, uns mit niederer Arbeit beschäftigen zu müssen. Welche Haltung zeigt angenehmere Wirkung? So kann eine vielleicht zweifelhafte Putzorgie in einem Kloster zu einer erhebenden Energie und Einswerdung führen. Damit sind wir verbunden. Manchen Männern wird dieses Gefühl der Verbundenheit ketzerisch auch beim klassischen Autowaschen am Samstagmorgen nachgesagt!

Einer meiner Coaching-Teilnehmer begann unsere Arbeit in der Gruppe sehr frustriert. Seit über zehn Jahren hatte der IT-Profi keine Beziehung mehr gehabt und auch keine echten sexuellen Kontakte. Er war Spezialist für Software und hatte unter seiner Arbeitslast seine eigenen Beziehungen vollkommen vergessen. Das machte ihn mehr als traurig. Im Laufe des Kurses gruben wir seine männlichen Qualitäten aus und gemeinsam entschlossen wir uns, ihn von seinen alten verstaubten Glaubenssätzen über sich und die Beziehungen zu Frauen zu befreien. Nach dem Kurs fuhr er nach Hause in das nahe München. Wenige Tage danach klingelte er bei der Nachbarin und bat sie um eine Kochzutat. Die neue Resonanz zeigte Wirkung: Seit damals bis heute sind die beiden ein Paar. Das ist Auswirkung und Resonanz. Denn die Nachbarin hatte schon lange Zeit neben ihm gewohnt, doch erst durch seine innere Veränderung, seine neue Haltung, kam es zu einer äußeren Auswirkung.

Kurz gesagt: Es werden sich schon heute Auswirkungen in Ihrem Leben zeigen. Wenn Sie wirklich achtsam sind und in Resonanz gehen, werden Sie sie auch sehen und fühlen können. Die meisten unserer Kursteilnehmer sehen sich nach dem Kurs den Fragen anderer gegenüber: »Was hast du gemacht, dass Du Dich so verändert hast?« Das Resonanzphänomen!

Gehen Sie also in Verbindung, schwingen Sie wirklich in Ihrem Rhythmus und gehen Sie in Kontakt. Sie werden Dinge über sich und andere erfahren und erleben, von denen sie bis dato noch nicht zu träumen gewagt haben.

Exkurs: Ihr heutiger Umgang mit Ihrer Mutter

Wenn Ihre Mutter pflegebedürftig wird und wenn das Ende naht

Immer wieder erlebe ich, dass gerade Männer glauben, wenn die Mutter in ein Altersheim oder Pflegeheim »verräumt« ist oder gar verstorben ist, erledigten sich die Dinge ganz von selbst.
Besonders problematisch kann es werden, wenn die Ehefrau ihre eigene Mutter pflegt. Dadurch wird uns zum einen unsere eigene Mutter-Problematik vor Augen geführt, da wir uns schuldig fühlen, weil wir uns womöglich nicht ausreichend um unsere eigene hilfsbedürftige Mutter kümmern. Zudem kann dadurch auch das Verhältnis zu unserer Partnerin problematisch werden. Um uns unserer wahren Gefühle bewusst zu werden und für uns richtig zu handeln, müssen wir die Beziehung zu unserer Mutter sorgfältig aufarbeiten – egal wo sie sich befindet. Und so wie wir erwachsenen Männer mit der Mutter nicht versöhnt sind, so wird es auch mit unseren Müttern und Vätern gewesen sein; auch diese waren nicht wirklich versöhnt. In der Retrospektive, also am Ende ihres Lebens, denkt Ihre Mutter möglicherweise über alles nach, was versäumt scheint und noch geklärt werden müsste. Ihre Gedanken kreisen um das, was nicht gut war und weniger um das, was gelungen ist. Die Mut-

ter so zu erleben und ihr nicht wirklich helfen zu können, ist für uns auch als erwachsene Männer schwer auszuhalten. Gerade hier fällt uns die so wichtige Abgrenzung besonders schwer. Gut, wenn wir uns innerlich entbunden haben.

Gerade auch, weil sich die äußeren Rollen nun umkehren, sozialsystemisch gesehen sind wir die »Kleinen« und die Mutter die »Große«, real betrachtet sind nun aber wir groß und stark und die Mutter eher klein und schwach. Genau dann kann es wieder passieren, dass wir uns als »Kinder« plötzlich über die »Erwachsenen« stellen und unsere Mutter von oben betrachten, ihr wieder vorwurfsvoll, enttäuscht, abwertend und vielleicht auch bemitleidend gegenübertreten. Darin liegt die größte Gefahr für unsere Männerseele.

Als verantwortungsvoller Erwachsener müssen wir jetzt in eine bewusste Erwachsenenrolle gehen und die Verletzungen des ehemals kleinen Jungen von damals ganz bewusst abgrenzen und abtrennen. Ihre Mutter ist jetzt nicht mehr für Ihr Überleben und für Ihre persönliche Fürsorge zuständig, das Blatt hat sich gewendet. Gleichwohl müssen Sie nicht mehr besonders brav sein und um die Liebe der Mutter ringen oder sich trotzig abwenden. Mehr denn je gilt es jetzt, dass Sie Ihren Gefühlen bewusst nachgehen und sich darüber klar werden, was Sie sich jetzt noch wünschen würden, aber auch, was Sie geben können. Nehmen Sie Ihre Bedürfnisse ernst. Und achten Sie darauf, sich nicht selbst zu überfordern und zu Dingen verleiten zu lassen, hinter denen Sie nicht wirklich stehen können. Noch einmal der Hinweis: Sie sind erwachsen!

Diese möglicherweise letzte Chance sollten Sie gut nutzen!

Wenn Sie fühlen, dass Sie damit Probleme haben, ist es wichtig, bestimmte Rituale immer wieder zu wiederholen. Sie können sich vor Ihrem inneren Auge von Ihrer Mutter verabschieden und ihr für das Geschenk des Lebens danken. Und Sie können sich mit dem Lösungssatz abgrenzen:

Mutter, ich achte dein Schicksal und damit auch deine Krankheit und Pflegebedürftigkeit. Es ist dein Leben, du kannst es tragen.

Aus persönlicher Erfahrung kann ich Ihnen sagen, dass in dieser endlichen Situation ein großes Geschenk zur eigenen Heilung liegt. Ich selbst habe meine Mutter in ihren letzten Wochen in den Tod begleitet. Ich habe all meinen Mut zusammengenommen und mich gemeinsam mit meiner Mutter ganz auf das nahende Ende eingestellt. Ich wurde mir bewusst darüber, was ich noch sagen und was ich noch hören wollte. Noch heute, über ein Jahrzehnt nach ihrem Ableben, bin ich froh, mir diese Zeit genommen zu haben. Die Zeit kurz vor dem Tod ist eine stille und – wenn wir uns einlassen – meist bedächtige Zeit. Auch wenn man von außen glaubt, der Mensch habe sich schon längst verabschiedet, können wir immer noch Kontakt mit ihm aufnehmen. Werden auch Sie sich klar darüber, was es noch zu tun gibt; Sie werden es nicht bereuen.

Auch die Zeit danach, die Zeit der Trauer, ist ein wichtiger Zeitkorridor, um Heilung für uns selbst zu erfahren. Gerade wir Männer sind oftmals drauf und dran, alles schnell zu verdrängen, schnell das Grab zu organisieren – und damit hat sich dann alles. Doch nicht gelebte Trauer wird uns einholen. Erfahrungsgemäß ist es besser, sich in dieser Zeit bewusst zu verabschieden.

Wenn Ihre Mutter verstorben ist

Wenn die Mutter verstorben ist, scheint alles erledigt. Häufig höre ich die Annahme, dass eine Entbindung von der Mutter nicht notwendig sei, da Sie längst verstorben sei. Das ist falsch! Denn sowohl positive als auch destruktive Energien zur Mutter haben auch nach ihrem Tod eine dauerhaft verbindende Wirkung auf Sie als Sohn.

Aber wir können die Energie beeinflussen. Die Wirkung ist damit begründet, dass Ihre Mutter in ihrem Leben immer Ihre Mutter bleiben wird. Und Sie haben einen gewissen langen Zeitraum mit ihr erlebt, der sich in Ihrem Herzen und Ihrer Seele mit all der Freude, aber auch den Verletzungen, eingeprägt hat. Solche Gefühle und Bilder können nicht mit dem Tod eines Menschen gelöscht werden.

Die Wirklichkeit sieht also in der Regel ganz anders aus. Es mag sein, dass das Ableben der Mutter eine gewisse Entlastung in sich birgt, gerade wenn sie ein Pflegefall war. Doch Ungelöstes und Unausgesprochenes will in Ihnen beantwortet werden, auch nach dem Tod der Mutter. Gerade Vorwürfe und Anschuldigungen erledigen sich mit dem Tod bestimmt nicht. Vielleicht ist auch etwas offen geblieben, weil der Tod viel zu schnell eingetreten ist. So ist die vollendende Klärung der Beziehung zur Mutter und die Entbindung als ein weitergehender Prozess zu sehen, der in ihr Leben integriert sein sollte. Um Sie an dieser Stelle noch einmal zu erinnern: Sie leben, Ihre Mutter ist verstorben. Und deshalb lohnt es sich, weiter an der Klärung und Befreiung für Sie als Mann zu arbeiten. Es ist ein erstrebenswertes Ziel.

Für echte Trauer ist es nie zu spät.

Haben Sie zu wenig um Ihre Mutter getrauert? Diese Trauer nachzuholen ist ein wichtiger Prozess, damit etwas Neues kommen darf. Den Tod der Mutter zu ignorieren und eben nicht zu trauern, bindet uns vielmehr als wir glauben. Wenn wir nicht trauern, finden wir keinen Frieden und schaffen immer wieder Platz für verdeckte Vorwürfe und Anschuldigungen, wir lassen unsere Narben und Verletzungen dadurch nie heilen.

Werden Sie sich als erwachsener Mann nun klar darüber, was wirklich noch offen ist, was Sie sich wünschen und was Sie noch sagen wollten. Finden Sie ein Ritual um genau dies auszudrücken. Das kann an Mutters Grab sein, aber auch an einer Stelle in der Natur, die Sie sich aussuchen. Vielleicht wollen Sie auch noch einmal einen *Brief schreiben*, den Sie dort in irgendeiner Form rituell unterbringen, um sich noch einmal bewusst zu verabschieden. Sie werden merken, dass Sie durch diese Art der Ritualarbeit einen inneren Frieden mit Ihren verstorbenen Eltern bzw. der Mutter finden und sich dadurch wirklich entlastet fühlen. Wir können dann als erwachsene Männer endlich innerlich zustimmen und müssen uns nicht länger unbewusst als verlassene, bedürftige und schuldige Kinder fühlen.

Natürlich können uns auch Erbschaftsangelegenheiten die Lust an einem Ritual, um sich innerlich zu verabschieden, verderben. Zwistigkeiten mit Geschwistern oder anderen Erben lenken den Fokus auf zwar Wichtiges, aber am Leben gemessen Oberflächliches. Mehr denn je gilt es hier, eine erwachsene Position einzunehmen und sich über den eigenen Standpunkt klar zu werden, aber auch über die Wünsche der verstorbenen Mutter. Es ergibt wenig Sinn und lässt uns keinen Frieden finden, wenn wir das, was wir von der Mutter nicht bekommen haben, nun materiell erneut von allen anderen einfordern. Auch wenn es manchmal schwer fällt, tut es uns gut, die Verantwortung bei der Mutter zu lassen.

Achtung vor der Mutter heilt.
Vorwürfe binden uns in Unfrieden.

Das Trainingsprogramm glücklicher Männer

Beginnen Sie, sich selbst zu lieben

Wie können wir erwarten, dass wir geliebt werden, wenn wir uns selbst nicht lieben? Selbstliebe ist eine wichtige Voraussetzung für unsere Liebesfähigkeit. Und diese ganz eigene Art der Liebe hat nichts mit Egoismus oder Narzissmus zu tun, sondern fördert nur den respektvollen Umgang mit Ihrem Wunderwerk Körper, Ihrem möglicherweise verletzten Männerherz und Ihrer kraftvollen Seele.

Männer sind wesentlich häufiger in Unfälle verwickelt als Frauen. Erkrankungen von Lunge, Leber und Herz zeigen sich bei Männern besonders oft. Und allen voran der Herzinfarkt und die Depression. Viele Männer kompensieren nicht gelebte Gefühle und seelische Verletzungen über den Körper, sozusagen ein Kompensationsgeschäft unserer Gefühle.

Die Intensität unseres Stresses wird dadurch bestimmt, inwieweit wir uns auf das uns dargebotene männliche Kriegsfeld einlassen, insbesondere am Arbeitsplatz und beim Wettkampf im Sportverein. Wir Männer sind anscheinend evolutionär bedingt immer kampfbereit und zehren uns auf. Wir achten nicht darauf, was uns wirklich Energie gibt und uns wirklich nährt. Und so achten wir auch eher selten darauf, welche Nahrung wir zu uns nehmen und welche Information uns geformt hat und formen wird.

Die Warnsignale werden gern übersehen und da wir immerwährend an unserem Männerbild arbeiten müssen, verstecken wir uns immer wieder hinter den Anforderungen, die von außen an uns gestellt werden. Wir beweisen uns, wollen unverletzlich und unfehlbar wie Herkules sein. Dadurch werden wir im Laufe des Lebens immer kritikunfähiger und können immer weniger mit Niederlagen umgehen.

Kommen Sie sich näher. Gestatten Sie sich, zu lieben und zu dem zu stehen, was Sie sind: ein ganzer Mann. Je sicherer Sie diesen Standpunkt vertreten können und in Zukunft einnehmen, desto klarer ist für Sie selbst und andere Ihre Position als Mann.
Dazu gehört auch Fitnesstraining. Körperbewusst! Nicht das muskelaufblähende, wettkampforientierte Verformen Ihres Körpers, damit Sie im Muscle-Shirt auch wirklich gut daherkommen, sondern die Freude an der Bewegung. Denn diese innere Bewegung wird Ihnen im Außen deutlich anzusehen sein. Wenn Sie diese Chance für sich ausschlagen und noch immer annehmen, dass Ihre Mutter oder später Ihre Frau Ihnen die passende Kleidung für Sommer und Winter hinlegt, damit Sie sich nicht verkühlen, bleiben Sie das Kind. Wenn sie sich nicht um sich selbst kümmern, verfallen Sie in einen Trotz, der sich rächt. Ein guter Freund hat mir einmal scherzhaft gesagt: »So, wie du aus deinem Auto aussteigst, so jung oder alt bist du!« Wie wahr! Wenn Sie gequält und sich stützend aus dem Auto herauskrabbeln müssen, weil Ihnen wieder einmal alles weh tut, dann spüren Sie sich auch, keine Frage. Für mich ist es eher ein Zeichen, etwas Gutes für sich selbst tun zu müssen. Ja, sich Zeit für sich und Ihren Körper einzuräumen und keine Ausreden mehr zu haben! Ein gutes Training für den Körper ist nicht hart und nicht über den Schmerz hinausgehend. Es hat auch meditative Qualitäten. Bleiben Sie bei sich. Auch in den Pausen. Lassen Sie das Handy im Spind und erleben Sie die Zeit ganz für sich. Wenn Sie glauben, ständig auf Ihr Mobiltelefon blicken zu müssen, können Sie sich das Work-out auch sparen!

Ja, ich spüre mich.

Beginnen Sie, Ihren Raum einzunehmen

Die Zeiten der Herrenzimmer sind leider vorbei! Christine Bauer-Jelinek, eine erfahrene Wiener Psychotherapeutin und renommierter Wirtschafts-Coach, beschreibt in ihrem Buch *Der falsche Feind,* wie wenig Raum viele Männer im modernen Haushalt überhaupt noch einnehmen. Weder der Computer noch die Stereoanlage steht dem Mann alleine zur Verfügung. Denn Frau und Kinder haben das gesamte Territorium erobert. Die moderne Frau teilt gerne die Küche, die ursprünglich klar ein »weiblicher« Bereich war, mit dem Ehemann, dafür hat sie jedoch auch alle seine ursprünglichen Bereiche in Besitz genommen. In der modernen Familie wird alles geteilt. Um irgendwo ungestört zu sein, ziehen sich Männer in Keller und Garagen zurück oder vergraben sich in die Arbeit. Haus und Garten werden von der Frau dekoriert, den Jahreszeiten angepasst, von der Feng-Shui-Beraterin geplant und der Mann damit zunehmend ausgegrenzt. Frauen haben hingegen auf dem Weg zur Gleichberechtigung rasch gelernt, dass sie ihre eigenen Freiräume brauchen – selbst im Buchhandel gibt es zwar eine Abteilung für »Frauenliteratur«, jedoch keinen Bereich für »Männerliteratur«. Haben Männer das Lesen verlernt? All das kennen viele von uns auch schon von zu Hause, wo die Mutter das Regiment führte.

Männer, es wird Zeit, sich wieder Raum zu verschaffen! Wer in meinem Alter ist, kann sich vielleicht noch an die Serie *Männerwirtschaft* erinnern, wo »erwachsene Jungs« regelmäßig gepokert und das ganze Apartment ordentlich versaut haben. So weit muss es sicherlich nicht kommen, doch mal ehrlich, welcher Mann kann einen Freund oder mehrere Freunde mit nach Hause bringen und kann mit ihnen ungestört im eigenen Heim agieren? Ihr eigener Bereich ist ein aktiv und bewusst gewählter

Bereich für Sie selbst und kein Ersatz für das Kinderzimmer wie bei Mutti, in dem die Ehefrau heute Schnittchen reicht. Ähnlich wie es einen eigenen Bereich für Sie geben sollte, ist es wichtig, dass auch Ihre Partnerin einen eigenen Bereich für sich in Anspruch nehmen kann, in dem Sie nichts zu suchen haben. Und für einen Jungen, Ihren Sohn, gibt es außerdem nichts erwachsen Männlicheres, als in den Bereich und damit in den Bannkreis des Vaters eingeladen zu werden. Wer von uns kann das schon aus seiner Kindheit sagen? Machen Sie es anders!

Jetzt erlaube ich mir, mein Land zu gestalten!

Seien Sie Freund und haben Sie gute Freunde

Nicht wenige von uns geben in diesem Zusammenhang, eben weil sie keinen Platz für sich selbst und für ihre Freunde haben, wegen der und für die Partnerschaft auch noch ihre Freunde auf. Den Sport und auch ihre Hobbies stellen sie dann in den Dienst der Familie. Denn nur wenige von uns hatten den Vater als männliches Vorbild. Auch laufen wir Gefahr, dass wir die Trennung von der Mutter falsch interpretieren und direkt in das neue »Lager« zur Frau abwandern – und dabei von der Partnerin genau das erwarten, was früher die Mutter erfüllt hat.

Traditionell ist jeder Junge den Großteil des Tages von Frauen umgeben. In Institutionen wie Kindergarten und Grundschule herrscht wenig männliche Energie. Was einen richtigen Mann ausmacht, lernt man jedoch nicht von der Mutter.
Ähnlich wie bekannte Kinder- und Jugendtherapeuten empfehlen, dass jeder gesunde Junge neben dem Vater zusätzlich einen männlichen Mentor haben sollte, empfehle ich genau das auch

unter erwachsenen Männern. Männerfreundschaften im Privatbereich sind nahezu existenziell für die Entwicklung und die Festigung unserer Männlichkeit. Nur wenige unter uns leisten sich diesen zeitlichen Luxus! Und damit wir uns an dieser Stelle nicht falsch verstehen, ich spreche nicht von wiederkehrenden Saufgelagen, auch nicht von Intellektuellenzirkeln oder Logen, sondern von Verbindungen, in denen sich Männer aus sich selbst heraus in ihrem »So-sein« ergänzen und stärken können, ja sich sogar »lieben« können. Es geht nicht darum, in der stillen Anonymität ein altes Motorrad zu restaurieren und fieberhaft Lösungen hinterherzuwerkeln, sondern das behutsam zu pflegen, was uns Männern per se schon schwerfällt: das Miteinander und die Kommunikation. Nicht nur über Fußball, Ärger im Geschäft oder das neueste Computerspiel zu sprechen, sondern eben auch einmal über wirklich Privates. Über Männerängste, Männersorgen und Männersehnsüchte. Nicht der »große Maxe« sein zu müssen, sondern sich unter Gleichgesinnten auszutauschen. Wir können von unseren Frauen lernen, denn sie haben grundsätzlich mehr Beziehungen und können uns hier ein gutes Vorbild sein.

Ich bin ein Freund!

Suchen Sie sich einen Mentor

Jeder(-Mann) tut gut daran, sich einen noch erwachseneren Mentor zu suchen. Er kann und weiß mehr als man selbst. Wir lernen von ihm, hören auf ihn und reiben uns auch einmal aneinander, damit das männliche Einweihungsritual im Erwachsenenalter nachvollzogen werden kann.
Für einen kleinen Jungen gibt es eigentlich erst einmal nur einen einzigen wichtigen Mann in seinem Leben, den eigenen Va-

ter. Man denkt nicht an die Milliarden anderer Männer auf dieser Welt und die Vielfalt, die das Mann-Sein ausmacht. Aber auch Onkel, Bruder, Nachbar oder Lehrer können uns zusätzlich oder wenn nötig anstelle des Vaters prägen und Halt geben. Was uns als Kind guttut, ist uns als erwachsenem Mann nur Recht. Stellen Sie sich an dieser Stelle mindestens fünf für Sie männliche Männer vor und notieren Sie einmal, was diese in Ihren Augen so männlich macht.

Was finden Sie an diesen Männern besonders gut?
Wie tun sie das, was sie so männlich tun?

Auf diese Art und Weise gelangen sie spielerisch zu Ihrem jetzigen Männerbild. Sie können konkret entscheiden, woran Sie in Zukunft wachsen möchten und was Sie vermeiden möchten. Welchem Mentor möchten Sie persönlich begegnen, mit wem interessante Gespräche führen und entdecken, was er bereits im Leben bewegt hat? Warten Sie nicht, machen Sie sich auf, einen Mann zu finden! Das ist eine Aufforderung: Laden Sie sich einen männlichen Mentor ein, um ihn zu befragen, was jetzt so wichtig für Sie ist: Was ist ein Mann?

Ich achte und ehre uns Männer und ich höre zu.

Schreiben Sie einen Brief an Ihre Mutter

Nicht erst seit Goethe wissen wir Menschen, wie wertvoll die richtigen Worte sein können – und wie schwer es ist, sie zu finden. Es gibt nichts Deutlicheres und Konkreteres als einen Brief. In Zeiten, in denen wir Milliarden von Mails rund um den Erdball senden, gewinnt ein persönlicher Brief neu an Gewicht. Er hat sozusagen an tragender Ausdruckskraft und Bestimmtheit gewonnen. Und im Bewusstsein dieser Tragweite sollten Sie sich in den nächsten Tagen vor ein weißes Blatt Papier setzen und mit der Zeile beginnen: »Liebe Mutter«. Nicht mit dem Vornamen oder mit »Mama«! Als Inhalt: »Was ich dir schon immer sagen wollte und bisher nie sagen konnte …« Und Sie können diesen Brief unabhängig davon schreiben, ob Ihre Mutter noch lebt oder sie bereits woanders weilt. Wichtig ist nur, dass Sie ihn schreiben. Und es spielt auch keine Rolle, ob Sie diesen Brief jemals abschicken oder vielleicht in einem Ritual auf die Reise bringen.

Wo würden Sie ihn rituell ablegen wollen?
Am Grab? An einem bestimmten Ort?

Das einzig Wichtige ist, dass sie diesen Brief schreiben und damit dem Ausdruck verleihen, was Sie schon immer beeindruckt hat, was Sie aber nicht ausdrücken konnten. Dass Sie über die Verletzungen schreiben können, deren Wunden noch immer nicht verheilt sind. Dass Sie einen Standpunkt gegenüber Ihrer Mutter einnehmen und durch das Schreiben fühlen, was Sie als Mann wirklich bewegt. Sie werden dabei bemerken, dass Sie Ihre Mutter auch nicht mehr »Mama« nennen können, da diese kindliche Anrede nicht mehr zu Ihrer heutigen Erwachsenenwelt passen wird.

An dieser Stelle möchte ich ausdrücklich betonen, dass es nicht darum geht, über Ihre Mutter zu richten. Ihre Mutter muss auch nichts verstehen, einsehen oder bereuen. Sie hat wahrscheinlich das Beste im Rahmen ihrer Möglichkeiten gegeben, auch wenn diese vielleicht begrenzt waren, wie bei uns allen. Doch das Beste für Ihre Mutter war eben nicht immer das Beste für Sie! In jeder Zeile werden Sie sich ein Stück weit ablösen können und bemerken, dass Sie Ihre Mutter immer weniger benötigen. Es wird Frieden aufkommen und Sie können sich ein großes Stück von der Verurteilung und einer möglichen Opferhaltung befreien.

Mutter, ich habe Gewicht. Und ich habe einen Standpunkt.

Holen Sie ein Stück Ihrer Kindheit zurück

Oftmals mussten wir Männer viel zu schnell erwachsen werden und auf unsere Kindheit ein großes Stück weit verzichten. In dieser Verantwortung versuchen wir noch heute, im Außen die Stabilität zu erreichen, die uns im Inneren fehlt. Wir zweifeln an unserem Wert, weil wir die ursprüngliche Liebe nur durch Leistung erhalten haben. Die Sicherheit in uns selbst ist uns abhandengekommen. Heute müssen wir versuchen, diesen Schatz wieder zu heben.

Es liegt in der Natur der Dinge, dass dies nicht über den Kopf gelingt, sondern nur über unser Herz. Doch wie mag das wohl funktionieren? Eines vorab: An dieser Stelle bitte ich Sie um Freude am Experiment und eine gewisse Offenheit, damit unsere Übung gelingt.

Für die Übung benötigen Sie ein Kissen. Drücken Sie das Kissen fest an Ihre Brust, schließen Sie die Augen und gehen Sie folgenden Gefühlen nach: Sie drücken Ihre Mutter und Ihre Mutter drückt sie. Gehen Sie ganz in dem Gefühl auf, ein kleines Kind, der kleine Junge aus Ihrer Kindheit zu sein, der jetzt die Liebe empfängt, die Ihnen so lange abging. Lassen Sie sich Zeit und brechen Sie die Übung bitte nicht zu früh ab. *Ja, das ist mein voller Ernst!*

Eine weitere Übung mit ähnlichem Effekt ist das sogenannte Wiegen. Dazu benötigen sie eine weitere Person Ihres Vertrauens. Bitte jedoch keine näheren Ange-
hörigen, sondern am besten eine gute Freundin. Diese
Dame sollte sich bitte hinter Sie setzen, sodass Sie in ihrem Schoß sitzen, am besten auf einer Bodenmatte. Ihre
Freundin sollte Sie nun hinter Ihnen sitzend umarmen
und eine Wiegebewegung beginnen, vielleicht auch ein
kleines Summen dazu anstimmen. Wenn Sie sich jetzt
schon beim Lesen komisch vorkommen, dann können
wir beschließen, dass Sie das Gleiche mit Ihrer Bekann-
ten oder Freundin im Gegenzug üben und Sie sie väterlich wiegen. Meine erneute Bitte: Lassen Sie sich einfach
darauf ein. Ich weiß aus Erfahrung, dass diese Übung in
größeren Gruppen noch besser gelingt, weil sich keiner
der Teilnehmer komisch vorkommen muss. Aber ich ver-
sichere Ihnen, es geht auch sehr gut zu zweit.

Diese beiden Übungen, deren große Wirkung Sie beim Lesen
noch nicht einschätzen können, sind zwei der einfachsten und
gleichzeitig erfolgreichsten Übungen, wenn es darum geht, fast
vergessene ursprüngliche Gefühle wieder hervorzurufen. Viele Klienten wundern sich dann, welche Bilder plötzlich auftauchen – bedingt durch die sanften wiegenden Bewegungen.
Nicht nur Sehnsüchte, sondern auch Unterlassenes ist tief in
unserer Seele begraben und manifestiert. Haben wir den Mut,
solche Gefühle wieder zu bergen, sind sie in dem Umfang hei-
lend, wie sie uns blockiert haben.

Ich bin getragen.

Nehmen Sie sich an die Hand

Es ist nicht nur der Schmerz der Verletzung als erwachsener Mann, es sind auch die unerfüllten Sehnsüchte der Kindheit, die in uns geachtet werden wollen. Stellen Sie sich an dieser Stelle vor, Sie würden einem Kind erzählen, wie die Welt funktioniert. Sie nehmen es an die Hand und laufen mit dem kleinen Mann durch einen Wald, eine Stadt, über Wiesen und durch Wälder. Sind Sie schon Vater, dürfte Ihnen diese Übung leichtfallen. Aber es ist eine neue Variante.

Suchen Sie sich wieder ein ruhiges Plätzchen, an dem Sie wirklich mit sich alleine sind. Finden Sie Ruhe in sich. Stellen Sie sich nun Ihre eigene Kindheit in Bildern und Gefühlen vor. Was hätte der kleine Mann von damals gebraucht, was hat gefehlt? Was hätte anders werden können? Gehen Sie weiter durch Raum und Zeit und erleben Sie sich nun im Erwachsenenalter. Was haben Sie geschafft? Was ist Ihnen alles gelungen? Und was ist vielleicht noch immer offen?

Jetzt kommt der eigentliche emotionale Teil Ihrer Visualisierung: Sie stellen sich vor, dass Sie den kleinen Jungen von damals heute an Ihrer erwachsenen Hand halten. Begrüßen Sie ihn liebevoll und beginnen Sie mit ihm, also mit sich selbst, einen Spaziergang von, sagen wir, dreißig Minuten zu machen. Zeigen Sie ihm die Welt, erzählen Sie ihm von Ihnen und hören Sie auch ihm zu!
Was hören Sie von dem kleinen imaginären Jungen an Ihrer Seite? Und wie geht es Ihnen, wenn Sie ihm von sich erzählen? Diese Übung ist, wenn Sie sich wirklich da-

Ich halte dich!
Ich lass dich niemals mehr aus den Augen!
Du bist das Wichtigste, was ich in meinem Leben habe. Mich.

Danken Sie Ihrer Mutter

Nicht alle Kinder wachsen glücklich bei ihren Eltern auf. Dennoch gibt es einen Grund, dankbar zu sein, denn sie haben das größte Geschenk Ihres Lebens von ihnen erhalten: Ihr Leben an sich. An dieser Stelle höre ich Sie fragen, ob ich mir selbst gerne widerspreche, denn einige Seiten vorher in diesem Buch habe ich von einer Verpflichtung gesprochen und nicht von einer Entbindung. Dem stimme ich immer noch zu.

Ein großer Faktor unserer männlichen Heilung ist der Dank, gleich einem Gebet. Und wenn Sie es schaffen, Ihrer Mutter für Ihre Geburt zu danken, dann müssen Sie gerade ihr nicht mehr verpflichtet sein. Warum ist das so existenziell? Trotz unseres medizinischen Fortschritts ist und bleibt eine Geburt immer noch lebensgefährlich. Leben und Tod liegen bei einer Geburt sehr eng zusammen. Und die Grundvoraussetzungen für die Tatsache, sein eigenes Leben zu schätzen und frei zu leben, ist genau diese Dankbarkeit dafür auszudrücken. Es lohnt sich also, Dank zu sagen.

Mutter, Du hast mich viele Monate in deinem Bauch getragen und dann auf diese Erde gebracht. Das Leben ist durch dich zu mir gekommen. Dafür danke ich dir.

Kommen Sie mit Ihrem Vater ins Reine

Je erfolgreicher Sie mit dem vorangegangenen Übungen sind, desto deutlicher werden Sie bemerken, dass Sie die weibliche Polarität verlassen und damit einen neuen »Raum« eröffnen, den wir nun gemeinsam betreten werden. Wenn ein Mann sich von der Mutter entfernt, kommt er dem Vater näher. Er geht dann in den für ihn wichtigen Bannkreis des Vaters, wenn er den bisher zu engen Kreis der Mutter verlässt.

Nur Männer können Männer einweihen.

Doch sind wir in unserer westlichen Welt der Mutter zu sehr verbunden, stoßen wir genau hier auf unsere größte Grenze. Das wird eine Herausforderung! Denn den Vater wertschätzend anzunehmen könnte Ihnen erst einmal schwerfallen, wenn er von der Mutter in ein schlechtes Licht gerückt worden ist. Oder Sie haben sich überhaupt kein eigenes Bild von ihm gemacht, da er abwesend, unbekannt oder eben nicht greifbar für Sie war. So ist dies Ihre größte Chance, den Vater als wahre Kraftquelle zu sehen. Zu fühlen, wie er Ihnen den Rücken stärkt. Sie haben ihn doch ein Leben lang vermisst?

Wenn Sie weiterhin in sich hineinhören, werden Sie nachspüren können, wie Sie sich gegenüber älteren Männern, oftmals Obrigkeiten, verhalten. Die Art und Weise, wie Sie mit diesen umgehen, zeigt, wie Sie im Ursprung auf Ihren Vater reagieren. Vielleicht misstrauen Sie, lehnen Sie ab, lehnen Sie sich auf? Vielleicht versuchen Sie auch andere Männer mit Ihren Taten zu beeindrucken, weil Ihnen Ihr Vater nie Beachtung geschenkt hat? Oder Sie möchten ihm überlegen sein und auch ganz bewusst ohne ihn auskommen können?

Dann gehören Sie in den Bannkreis, in den Energiekreis Ihres Vaters!

Solange Sie Ihren Vater nicht annehmen und achten und nicht auch die Liebe und Achtung älterer Männer gewinnen können, bleiben Sie ein kleiner Junge, der von der Mutter gefesselt ist. Wir Männer können diesen Schmerz durch harte Arbeit und Verleugnung unserer Gefühle verdrängen, häufig entstehen dann auf Nebenschauplätzen ungerechte Gefühlsausbrüche anderen gegenüber. Diese impulsiven Reaktionen werden Ihnen immer einen Strich durch die Rechnung machen, gerade wenn Sie sich in einer Führungsposition befinden.

Beruflicher Erfolg tritt oft genau dann ein, wenn wir uns beweisen wollen und den Chef mit unserem Vater verwechseln. Auf der anderen Seite kann es auch gigantischen und immer wiederkehrenden Stress mit unseren Vorgesetzten geben, wenn wir den eigenen Vater als Feindbild auf dem Schirm haben.

Aus persönlicher Erfahrung weiß ich, was es bedeutet und wie schwer es ist, seinem Vater mitzuteilen, dass man ihn liebt. Viele unter uns riskieren, wenn sie es überhaupt tun, erst einmal Schelte oder Unverständnis. Ernüchternd!
Doch jeder Vater, egal wie kritisch oder gleichgültig er sein mag, wartet insgeheim und unbewusst ebenfalls darauf zu erfahren, ob sein Sohn ihn liebt und achtet. Auch er will Liebe und Frieden, wenn es aus Ihrer Sicht auch unrealistisch erscheinen mag. Gerade wenn unsere Väter in den Wirtschaftswunderjahren ihre Familien gegründet haben und zuvor noch Mangel erlebt haben, haben sie oftmals geringen Bezug zu Gefühlen: »Man hat getan was man konnte, das war genug!« Ist ja nicht einmal so falsch, denn in den Jahren nach dem Krieg war man froh, über die Runden zu kommen, freute sich über weit

weniger als wir uns heute gönnen können. Dennoch und gerade deshalb: Ihr Vater wartet ebenfalls schon ein Leben lang auf Liebe, die er sich selbst auch nicht geben konnte. Er ist ein Mann, wie Sie!

Es ist also eine große Kraft, die Sie verschlossen in Ihrem Herzen tragen!

So verrückt kann das Leben sein: Auf der einen Seite sind wir Kinder verstrickt in die Dankbarkeit darüber, das Leben erhalten zu haben, und als wäre das nicht genug Verstrickung, wartet auf der anderen Seite der Vater darauf, geachtet zu werden! Entscheidend ist jetzt Ihre Bereitschaft und die Botschaft, die Sie mit Ihrer Liebe dem Vater geben möchten. Das muss nicht mit Worten geschehen. Die Haltung, die Sie jetzt Ihrem Vater gegenüber zeigen, ist wichtig. Verneigen Sie sich in Dankbarkeit für das Geschenk Ihres Lebens vor Ihrem Vater.

Meine Empfehlung: Wenn Ihr Vater noch lebt und Sie ihn kennen, sollten Sie die Chance auch tatsächlich und praktisch nutzen. Denn wenn der Vater einmal ablebt, wird auch ein Teil in Ihnen sterben. Egal, welche Gefühle Sie Ihrem Vater gegenüber haben, es wäre schade, wenn am Ende zu vieles unausgesprochen bliebe. Sie werden erst einmal bis auf weiteres auf der Erde verbleiben und mit Ihnen Ihre Haltung und Ihre Gefühle zu Ihrem Vater. In meiner Praxis erlebe ich zu viele Männer, die später gerne doch noch einmal mit ihrem Vater gesprochen hätten. Bleiben Sie also persönlich dran, wenn Sie die Chance haben!

Ich selbst musste viele Anläufe wagen, um meinen eigenen Vater überhaupt auf mich aufmerksam zu machen. Selbst ein Fotoalbum mit Bildern aus meinem Leben, die ich mit dem Fotoapparat aufgenommen hatte, den er mir selbst geschenkt hatte, hatte ihn erstmal nicht dazu veranlasst, über seinen Sohn und dessen Leben nachdenken zu wollen. Erst ein offener und langer Brief meinerseits, nicht anklagend, sondern von meinen Gefühlsdefiziten der Kindheit und den Folgen im Erwachsenenalter erzählend, gaben ihm scheinbar den Anstoß, ein erstes Mal zu reagieren. Erste offene Männergespräche, fast filmreif in einer Hotelbar, ließen das Verhältnis zu meinem Vater besser werden und meinen Schmerz lindern. Heilung für eine verletzte Männerseele tut gut und ich möchte keinen dieser Schritte missen. Wir erwachsene Männer tun gut daran, den ersten Schritt zu gehen.

Sie sind heute derjenige, der dieses Buch liest, und gehören einer Generation an, die sich mit sich auseinandersetzt und gleichzeitig einen klaren Standpunkt gegenüber Mutter und Vater vertreten darf.

Sehr viele Mütter bringen ihre Söhne oft in bester Absicht gegen den Vater auf. Oftmals soweit, dass viele Männer den Vater nur noch als Erzeuger bezeichnen und damit abwerten. Doch wenn wir unseren leiblichen Vater abwerten, werten wir unsere eigene Männlichkeit ab. Alle Männer, die sich entwickeln möchten, müssen aufrichtig versuchen, sich Klarheit über den Vater zu verschaffen. Wir tun gut daran – in einer Mischung aus kritischer Liebe und wacher Bewunderung – den Vater als Vater zu nehmen. Wir sind aufgefordert, unsere Väter für uns neu oder wieder zu entdecken. All dies gilt auch, wenn wir unseren Vater gar nicht kennen!

Denn auch, wenn wir den Vater nicht kennen, machen wir uns ein Bild von ihm.

Und hier gilt das gleiche wie oben: Verachte ich das (mir unbekannte) Bild meines Vaters, das mir von anderen »gemalt« wurde, erweise ich mir keinen guten Dienst, sondern sabotiere mich in meiner Männlichkeit.

Nichts ist für uns so wichtig wie Liebe und Anerkennung. Wenn wir keine eindeutigen, spürbaren Beweise und Gefühle erhalten, verwelken wir wie eine Blume ohne Wasser. Die Kälte unserer Eltern macht uns selbst kalt und manchmal scheint es, als müssten wir uns wie Baron Münchhausen selbst aus dem Moor ziehen.

Genaugenommen kommen wir alle nicht von Mutter und Vater, sondern durch sie. Das ist ein großer Unterschied! Das Leben kommt von weit her und keiner von uns weiß so genau woher. Wenn wir uns als Söhne vor unseren Vätern verneigen können und um den Segen bitten, fügen wir uns ein in den unendlich kraftvollen Strom des Männlichen. Das gibt uns Kraft. Denn dieser Segen kommt ebenfalls, wie das Leben, von weit her und nur über den Vater zum Sohn. Von Ihrem Vater zu Ihnen! Wer das Leben so nehmen kann, der ist im Einklang mit seiner Herkunft.

Genau das ist spirituelle Heilung des Männlichen!

Bleibt der Wunsch nach Zustimmung, Liebe und Anerkennung hingegen unerfüllt, wird er oftmals zu einer Obsession. Die täglichen Schlagzeilen berichten davon: Unternehmer, Politiker und überengagierte Sportler werden von der ewig ungestillten, unerlösten Sehnsucht angetrieben:

Schau zu mir, Vater schau her, was ich alles kann!
Und vielleicht konnte ich auch mit Mutter besser als du?

Ich bitte Sie, diesen Satz noch einmal ganz bewusst durchzulesen, um zu spüren, dass der wiedergegebene Inhalt zum einen den Vater überschätzt, um ihn dann zum anderen in Überheblichkeit klein zu machen. Das zeugt von tiefer Verzweiflung. Gehen wir mit dieser Haltung durch unser männliches Leben, müssen wir irgendwann kapitulieren oder resignieren und verfallen nicht selten in einen Burn-Out oder eine Depression. Wenn Sie beispielsweise einen Schmerz darüber fühlen, dass Ihr Vater Alkoholiker war, werden Sie ihn schwer akzeptieren können. Eine Lösung kann es erst geben, wenn Sie zugeben, Ihren Vater so sehr zu lieben, dass Sie sagen können:

»Vater, ich nehme dich so, wie du bist!«

Wenn der Schmerz über das Leid jedoch größer ist, ist Ihre Liebe verbaut! Gehen Sie hinter den Schmerz, können Sie ihn überwinden, dann beginnen Sie, Ihren Vater anzunehmen. Wenn Sie zu sich sagen, auch er muss den Schmerz, den er mir oder uns angetan hat, fühlen, er sollte leiden, dann sind Sie unerlöst. Das bindet Sie noch mehr als Sie glauben!

Ein ungeschriebenes Gesetz für Sie:
Kommen Sie mit Ihrem Vater ins Reine.

Der nächste Schritt: Nun sollten Sie sich auf ein wichtiges Gespräch in aller Offenheit vorbereiten und den richtigen Zeitpunkt wählen. Ist Ihr Vater bereits verstorben, sollten Sie auch ihm einen Brief schreiben, vielleicht auch ein Zwiegespräch an seinem Grab führen. Doch hören Sie auf zu urteilen, denn damit verurteilen Sie auch sich. Seien Sie neugierig auf sein Leben und erzählen Sie Ihres. Finden Sie heraus, wie die Kindheit Ihres Vaters verlaufen ist, und wandeln Sie gemeinsam durch die Zeit, bis Sie auf sich beide, als Vater und Sohn, zu sprechen kommen. Dabei kann es sein, dass seine Wahrheit von Ihrer Wahrheit deutlich abweicht. Aber darum geht es nicht! Es wird nur darum gehen, was in Ihnen gewirkt hat, also wie es um Ihre Wirklichkeit bestellt ist. Und diese Gefühle sollten Sie ihm im besten Falle schildern. Klar, offen und männlich. Es geht nicht darum, Ihren Vater fertigzumachen – vielleicht hat er das schon allzu oft erlebt und wird sich deshalb gegen Gespräche auflehnen? Es geht um ein Miteinander, es geht um Ihren späten Frieden. Es geht um einen beiderseitigen Freispruch!

Frieden kann nur stattfinden, wenn Sie Ihre gemeinsame Geschichte verstehen lernen und erfahren, dass auch Ihr Vater nur ein ganz normaler Mann ist, mit allen Stärken und Schwächen. Und gleichzeitig zu wissen, dass Sie 50 Prozent dieses Mannes in sich tragen und ohne sein Zutun überhaupt nicht auf dieser Erde wären.

Vielleicht fällt es Ihnen leichter, wenn Sie selbst Kinder erziehen und sich dessen bewusst werden, wie schwierig Kindererziehung grundsätzlich ist. Dennoch kann es natürlich sein, dass Wertschätzung das Letzte ist, was Sie gegenüber Ihrem Vater empfinden. In Erinnerung an Ihre Kindheit sollte er dies auch wissen dürfen. Bringen Sie es in aller gebotenen Zurückhaltung zum Ausdruck. Sagen Sie Ihrem Vater, was Sie so verletzt hat, was Sie so geängstigt, traurig oder einsam gemacht hat. Und sagen Sie ihm, wie sehr er Ihnen gefehlt hat.

Vater, auch wenn es sonst nichts zu danken gibt – für mein Leben danke ich dir!
Vater, ich nehme dich jetzt.

Nehmen Sie die Kraft Ihrer männlichen Ahnen

Immer wieder erlebe ich, wie schwer es uns Männern fällt, die männliche Kraft zu spüren. Denn oftmals ist unsere Männerlinie durch die fehlende oder gekappte Verbindung zum eigenen Vater massiv unterbrochen. In unseren Männerritualen können wir wahre Wunder erleben, wenn wir Männer zu unserer ureigenen Kraft finden. Nun lade ich Sie wieder zu einem ganz einfachen Ritual ein, das Sie vor Ihrem inneren Auge visualisieren können.

Schließen Sie die Augen, nehmen Sie einen tiefen Atemzug und kommen Sie mit aller Aufmerksamkeit und Präsenz in Ihrem Körper an.

Und nun fühlen Sie, wie Ihr Vater hinter Ihnen steht. Ganz unabhängig davon, wie gut oder schlecht Sie ihn gekannt haben, ob er noch lebt oder bereits verstorben ist, jetzt steht Ihr Vater hinter Ihnen. Auch wenn Ihr Verhältnis noch nicht geklärt ist, wenn es vieles an Vorwürfen, Groll und Wut gibt, jetzt drehen Sie sich um und blicken ihm in die Augen.

Plötzlich erkennen Sie, wie hinter Ihrem Vater Ihr Großvater auftaucht, auch wieder unabhängig davon, wie gut oder schlecht Sie ihn gekannt haben. Und dahinter Ihr Urgroßvater und dessen Vater und dessen Vater usw. – eine unendlich lange Linie von Männern taucht vor Ihrem inneren Auge auf. Die meisten davon können sie nur noch schemenhaft wahrnehmen. Und im nächsten tiefen Atemzug können Sie die Kraft dieser Männer spüren und somit weit über ihren Vater hinaus fühlen und denken.

Nun drehen Sie sich wieder um und spüren all die Männer mit all ihrer Kraft und all ihren menschlichen Stärken
und Schwächen, die Sie als Mann stärken!

Vielleicht möchten Sie das eine oder andere aussprechen,
auch Vorwürfe. In jedem Falle sprechen Sie bitte zusätz-
lich Folgendes zu Ihrem Vater:

»Wenn es auch vieles gegeben hat, was mir nicht gepasst
hat, mir Schmerzen bereitet und mich in meiner Männ-
lichkeit geschwächt hat, ich sehe die Männer hinter dir.«
»Da gibt es mehr von unserer Sorte!« »Du bist nicht der
Einzige, auch wenn ich dich am besten kenne.«
»Männer … wie wir!«
»Ich bin mit euch allen verbunden, ich bin ein Mann wie
Ihr!«
»Ich achte euch und gehöre dazu!«

Männergruppe für Ihre Einweihung

Wie schon erwähnt, haben wir Männer es schwerer mit dem Ritual der Einweihung. Die wenigsten von uns hatten einen Vater,
der Ihnen am Tage X mitgeteilt hat, dass Sie als Sohn nun ein
Mann werden, wenn Sie sich mit anderen Söhnen und Vätern
über Tage in die Natur zurückziehen und als echter Mann zu-
rückkehren. Wie auch? Viele unserer Väter haben selbst Hem-
mungen, über all das zu sprechen. Und wenn sich der Wechsel
vom Kind zum Erwachsenen nicht durch die Natur ankündigt,
wie bei den Frauen, sehen sich Väter nicht genötigt, von sich aus
etwas zu tun.

Doch Sie können auch hier wieder selbst zur Tat schreiten, denn wir können uns selbst einweihen. Wie das geht? In jeder größeren Stadt gibt es Männergruppen, die durch professionelle Therapeuten angeleitet werden. Diese veranstalten immer wieder Männergruppen in der Natur. Eine der beliebtesten Einweihungen ist ein Wochenende mit einem Schwitzhüttenritual. Das ist mehr als nur »Sauna«! Männer unter sich arbeiten an Ihren aktuellen Themen, begegnen der Schwitzhütte zunächst durch eigene Arbeit daran und dann durch das Begehen und Sitzen darin. Aus eigener Erfahrung kann ich sagen: ein wahrlich wunderbares und wirkungsvolles Erlebnis, das Sie nicht vergessen werden. Eine Empfehlung!

Ich bin ein Mann!

Holen Sie Ihre Mutter vom Thron

Unser Mutterbild ist oftmals eine verschobene, märchenhafte Idealvorstellung. Und an dieser Vorstellung wollen wir uns messen? Ist das der Referenzwert für Liebe? Auch die Tradition zeigt die Madonna als Inbegriff der Mutter schlechthin, Mutter Theresa opferte sich ebenfalls auf und im Dritten Reich kam der Mutter eine erhabene Rolle zu, die mehr als bloße Elternschaft bedeutete. Zu ihren Ehren wurde sogar ein Tag besonders zelebriert: Der Muttertag sollte sie ehren und daran erinnern, wer sie ist und was sie kann.

Viele Männer haben mit diesem Idealbild der Mutter schwer zu kämpfen. Die Mutter ist damit auf ein Podest gestellt und unerreichbar, deshalb lehnen wir sie möglicherweise vermehrt ab. Doch Mütter sind auch nur Menschen, mit all ihren Fehlern und Schwächen. Denn durch das Mutterwerden wird der

Mensch nicht gleichzeitig ein besserer Mensch. Wir Männer, die mit der Mutter verstrickt sind, neigen gerne dazu, die Mutter zu etwas zu machen, was sie nicht ist und auch nicht sein möchte. Wir setzen sie auf einen Thron. Und wenn sie dort einmal sitzt, ist sie schwer wieder auf den Boden des Weltlichen zu bringen. Bert Hellinger, den Wegbereiter für die Bekanntheit der systemischen Familienaufstellung, hörte ich in einem beeindruckenden Vortrag folgenden Satz sagen: »Als ich gefühlt habe, dass meine Mutter eine ganz gewöhnliche Frau war, war ich frei!«

Machen Sie sich frei und erkennen Sie, dass Ihre Mutter eine ganz normale Frau ist, wie Milliarden andere auf diesem Erdball. Sie ist so wertvoll wie alle anderen Menschen auf dieser Erde. Nicht mehr, aber auch nicht weniger.
Tun Sie das nicht, werden Sie wahrscheinlich immer das Gefühl haben, nicht genug bekommen zu haben. In unserer Verklärung der Realität – das tun wir Menschen gerne – werden wir mehr und mehr einfordern, werden wir nie fertig und der Kontakt zu unserer Mutter wird sich immer kindlicher verstärken. Das gilt für Vorwürfe ebenso wie für diejenigen unter uns, die ihre Mutter immer über den grünen Klee loben. Diese Idealisierung findet sich übrigens besonders bei Söhnen, weniger bei Töchtern. Das ist anrührend und liebevoll und macht Sie zum »perfekten Schwiegersohn«. Alle Mütter werden von Ihnen schwärmen. Bringt aber nix! Denn welche Frau kann und wird es überhaupt mit einer solchen Mutter aufnehmen? Noch kritischer: Ein solch guter Sohn muss ja auch immer für Mutter verfügbar sein, ein Zimmerchen im Haus haben und ihr die Wünsche bis zum Tod erfüllen.
Die Auflösung solch kindlicher Gedanken und Wünsche sind für uns Männer oftmals ein schmerzhafter, aber heilender Prozess. Denn die Angst vor Ablehnung, die Angst, nicht mehr da-

zuzugehören, kommt hier voll zum Tragen. Und diesen Tatsachen ins Auge zu blicken, bringt uns mit dem unwiderruflichen Ende unserer Kindheit in Verbindung. Das verunsichert und tut weh. Doch das Schöne daran ist: Sie werden erwachsen.

Mutter, du bist eine ganz normale Frau!

Achten Sie (auf) das Schicksal Ihrer Mutter – es ist nicht Ihres

Aufgrund unserer Lebenshistorie tragen auch wir Männer vieles in unseren Rucksäcken, das nicht zu uns gehört. Und jeder, der einmal eine Radtour gemacht hat oder in den Bergen wandern war, weiß, wie schwer sich beim ersten Mal ein Rucksack anfühlt, in den man zu viel eingepackt hat – natürlich aus Angst, man könne etwas vergessen.

In unserem Leben tragen wir solche Rucksäcke gerne auch für andere und sind uns dessen nicht einmal bewusst. Wir tun also gut daran, ganz bewusst in unseren Rucksack zu blicken. Oftmals sind wir aber schon so daran gewöhnt, dass wir die Last nicht mehr bemerken, weil wir eben das Schicksal unserer Mutter schon seit Jahren mit uns herumschleppen. Die größte Entlastung, sich aus der Verstrickung mit der Mutter zu befreien, ist, das Schicksal der Mutter vom eigenen Leben zu trennen.

Werden Sie sich darüber klar, was Sie *glauben,* was Ihre Mutter belastet:

Welches schlimme Schicksal hat sie im Leben erleiden müssen?
In welche familiäre Situation wurde Ihre Mutter hineingeboren?
Wie hat sie selbst ihre Mutter und ihren Vater erlebt?
Gab es Stiefmutter oder Stiefvater?

Geschwister oder Halbgeschwister?
Behinderung? Krankheit?
Wie hat Ihre Mutter in der Kindheit gelebt?
Wo waren ihre Wurzeln?
Vielleicht in einem anderen Land oder Kulturkreis?
Durfte sie damals wirklich Kind sein oder musste sie sehr früh erwachsen werden?
War sie einst ein Kriegskind oder ein Kind von Kriegskindern?
Hatte Ihre Mutter möglicherweise ähnliche Probleme wie Sie heute?

Wenn Sie sich diese oder ähnliche Fragen beantworten, werden Sie bemerken, welche anstrengenden und unverständlichen Verhaltensweisen Ihrer Mutter in Ihrem Lebensrucksack liegen. Was tragen Sie für Ihre Mutter mit?

Machen Sie sich nicht unschuldig schuldig!

Diese neue Perspektive der Betrachtung des Schicksals Ihrer Mutter soll Sie nicht ermutigen, sie zu bemitleiden. Er soll Ihr Verständnis dafür schärfen, dass jeder Mensch, Sie und ich und Ihre Mutter, ein eigenes Recht auf ein ganz eigenes Schicksal hat. Auch das ist Ordnung! Wenn Ihre Mutter Lasten aufgrund der Kriegswirren trägt, ist es Mutters Schicksal und es nützt nichts, wenn sie Mitleid üben, denn sie selbst waren nicht im Krieg. Somit ist es auch nicht Ihr Schicksal!
Beginnen Sie, die alten Einwände und Verstrickungen ruhen zu lassen und entwickeln Sie gleichzeitig in Liebe ein neues Verständnis für ihre Lebenssituation. Wenn sie das Schicksal der Mutter achten und bei ihr belassen, wird es Ihnen vermutlich leichter fallen, das Urteilen über die Mutter, möglicherweise auch über andere Frauen, zu beenden und Ihre Mutter ganz einfach so zu nehmen, wie sie war und ist.

Mutter, ich achte dein Schicksal!
Es ist nicht meines.
Mutter, ich kann es dir zumuten!

Verabschieden Sie sich vom »Verzeihen«

Wenn Sie Ihre Mutter vom Thron gestoßen haben, müssen Sie ihr auch nicht mehr verzeihen. Das hat eine gute Wirkung für Sie.

Eine Geschichte vom Geben und Nehmen: Wir beide gehen in ein Lokal. Wir suchen uns gemeinsam feine Speisen aus und dinieren. Ich bezahle. Einige Zeit später werden wir uns wieder treffen und Sie haben sich diesmal fest vorgenommen zu bezahlen. Doch nach dem erneut feinen Essen müssen Sie erfahren, dass ich schon wieder bezahlt habe. Diesmal vorher. Ich habe Ihnen erneut die Chance genommen zu zahlen, also einen Ausgleich zu finden. Sie bleiben in meiner Schuld. Das macht Sie »kleiner« und mich »größer«! Rein subjektiv und gefühlt. Wir verabreden uns ein drittes Mal und diesmal nehmen Sie sich vor, im Restaurant auch vor dem Essen zu bezahlen. Doch der Wirt eröffnet Ihnen diesmal, dass ich die Rechnung bereits a conto weit vor unserem Treffen an das Restaurant bezahlt habe. Fühlen Sie, was passiert? Es ist ein Ungleichgewicht von Geben und Nehmen entstanden. Ein viertes Mal werden Sie mit mir nicht mehr essen gehen, weil sie die »Schuld« nicht ausgleichen können.

So ist das mit uns Menschen: Wir wollen in jedem Fall in sozialer Balance sein und dafür einen Ausgleich schaffen. Mit unseren Eltern ist das so eine Sache. Wie schon mehrmals erwähnt, stehen wir ja schon durch unsere Geburt, also das Geschenk des

Lebens, in ihrer »Schuld«! Fortan haben wir den inneren Drang, auszugleichen, ob wir wollen oder nicht. Unsere Seele wünscht sich das. So übernehmen wir auch gerne Verantwortung und nehmen damit zu viel auf uns, weil wir uns zu oft in die Angelegenheiten unserer Eltern mischen.

Wir sind anmaßend!

Denn wir »kleinen« Kinder können nicht die Verantwortung für unsere »großen« Eltern übernehmen, auch wenn wir körperlich dazu in der Lage wären. Es ist nicht unsere Verantwortung.

Ähnlich verhält es sich mit dem »Verzeihen«. Wenn wir verzeihen, dann stellen wir uns erneut über unsere Eltern, denn wir glauben, es jetzt besser zu wissen. Das tut unserer Seele nicht gut, weil es uns schon wieder »größer« als unsere Eltern macht. Weil es uns mehr bindet, als wir wollen. Wir Kinder haben ein Recht darauf, »klein« zu sein, auch als Erwachsene – soweit es um die Verantwortung der Eltern geht.

Es gibt nichts zu verzeihen!

Denn wenn Sie Ihre Mutter gedemütigt, Ihr Vater Sie geschlagen hat, warum sollten Sie verzeihen? Das ist Unrecht und bleibt Unrecht. Sie haben ein Recht darauf, wütend zu sein, ja sogar »anzuklagen«. Das verschafft Ihnen Luft und macht den Weg frei, für die Liebe zu Ihrer Mutter und Ihrem Vater. Denn Sie separieren damit das schlimme Ereignis, den großen Schmerz, von der Liebe.

Dann beginnen Sie Ihre Mutter und Ihren Vater anzunehmen. Das heilt. Wenn Sie diese Separierung von »Unrecht« und Liebe vorgenommen haben, können Sie Ihre Mutter lieben, wie ein

Junge eine Mutter lieben darf. Verneigen Sie sich einmal in Gedanken vor Ihrer Mutter, dann sind Sie mit dieser Liebe im Reinen, Sie gehen als Mann in eine erwachsene Zukunft und Ihre Mutter hat den richtigen Platz in Ihrem Herzen.

Mutter, ich bin dir nichts schuldig.

Rücken Sie Ihre Partnerin ins rechte Licht: Sie ist nicht Ihre Mutter

Ist es Ihnen auch schon passiert? Sie gehen eine Straße entlang, winken jemandem zu und bemerken dann plötzlich, dass Sie ihn verwechselt haben. Die Situation ist sofort geklärt. Nicht so – wie könnte es auch anders sein – in unserem Familiensystem. Hier passieren Verwechslungen, ohne dass wir es wirklich bemerken.

Es gibt keine perfekte Kindheit, und so erfährt das Baby oder Kleinkind von der Mutter nie die absolute Liebe, die es sich erhofft. Verletzungen und Enttäuschungen gehören von Geburt an zu unserem Leben. All diese Erfahrungen und Empfindungen kann ein Kleinkind nicht verarbeiten wie ein Erwachsener. Deshalb werden Gefühle wie Angst, Wut und Schmerz oder schlechte Erinnerungen allmählich abgespalten und unterdrückt. Doch sie sind uns nur nicht bewusst, sie lauern fortan im Unbewussten, weil sie nur verdrängt sind. Diese verdrängten Emotionen tauchen erst dann wieder auf, wenn es zu einer Situation kommt, die uns an das Verdrängte erinnert. Plötzlich erfolgen ganz spontane Reaktionen, oftmals auf Kleinigkeiten, deren Intensität von der Vergangenheit kraftvoll gespeist wird. Wie kann das sein? In unserem Bewusstsein hat sich der unterdrückte Schmerz aus dem Unbewussten gewandelt in eine Sehnsucht nach dem, was wir damals vermisst haben. Was nun passiert, ist eine Projektion auf unserer Umgebung, ähnlich der eines Diaprojektors auf eine Leinwand. Kindliches Verlangen und Erwartung gegenüber der Mutter wird auf die Frau und Partnerin projiziert. In erwachsenen Männern schlummert dann die kindliche Hoffnung, das Vermisste doch noch zu erhalten.

Doch das kann unsere Partnerin nicht leisten.

Wenn es unserer Partnerin gegenüber ihrem Vater genauso geht wie uns mit unserer Mutter, dann beginnen undurchsichtige Verstrickungen und Verwechslungen, aus denen große Konflikte entstehen können.
Mit den nachfolgenden Sätzen können Sie der Verwechslung auf die Spur kommen, indem Sie die Wirkung dieser Sätze auf sich prüfen. So wird Ihre Beziehung klarer.

Stellen Sie sich vor Ihrem inneren Auge nun einfach Ihre Partnerin vor. Dann lassen Sie neben Ihrer Partnerin Ihre Mutter auftauchen. Lassen Sie sich Zeit. Und nun lassen Sie den Blick zwischen beiden Personen hin und her wandern. Was ist ähnlich und wo gibt es Unterschiede?

Zur Frau: »Du bist nicht meine Mutter und ich bin nicht dein Kind!«
Sprechen Sie diesen Satz laut und deutlich aus und spüren Sie die Wirkung.

Zur Frau: »Ich bin auch nicht dein Vater und du bist nicht mein Kind, sondern meine Partnerin!
Denn du bist meine Frau und ich bin dein Mann!«

Eine weiterer wichtiger Gradmesser zur Überprüfung einer möglichen Verwechslung ist auch, sich der Sätze bewusst zu werden, die Sie an Ihre Partnerin richten, um Ansprüche geltend zu machen: »Du liebst mich nicht!«, »Du verstehst mich nicht!«, »Du weißt gar nicht, was ich alles tun muss!« und sonstige ähnliche Vorwürfe, die eigentlich an Ihre Mutter gerichtet sind und nicht an Ihre Partnerin.

Um auch dies zu überprüfen, gibt es wieder eine ganz einfache Übung. Stellen Sie sich Ihre Partnerin vor Ihrem inneren Auge vor. Lassen Sie den Konflikt auftauchen, der Sie jüngst belastet hat, und mit ihm die darin von Ihnen gesprochenen Sätze. Nun drehen Sie sich einfach nach hinten um. Ihre Mutter steht nun hinter ihnen. Und nun können Sie überprüfen ob dieser Vorwurf Ihrer Partnerin – die vor Ihnen steht – oder Ihrer Mutter gelten sollte, die hinter Ihnen steht. Wenn Sie das Gefühl haben, dass sich die Vorwürfe und Aussagen decken, dann sprechen Sie zu ihrer Mutter:

»Mutter, dieser Vorwurf galt dir, denn ich bin dein Kind!«

Dann drehen Sie sich wiederum zu Ihrer Partnerin nach vorne und sagen ihr: »Es tut mir leid, ich habe dich verwechselt! Ich bin ein erwachsener Mann und du bist meine Partnerin und nicht meine Mutter! Der Vorwurf galt meiner Mutter, die hinter mir steht!«

Ich bin jetzt da, als Mann!

Klingt komisch, ist wichtig:
Öffnen Sie Ihr Herz und fühlen Sie

Ich erlebe es täglich: Wir Männer haben Probleme mit unseren Gefühlen. Nicht dass wir nicht fühlen könnten, doch zu oft ist das Männerherz belegt, besetzt, verletzt. Als Männer müssen auch wir verstehen lernen, warum wir so geworden sind, wie wir sind.

Die Mehrzahl unter uns war in den ersten Lebensjahren lebendig, neugierig und offenherzig. Nicht immer kommt das so gut an. Eher möchten viele Mütter ihr perfektes Kind als Trophäe präsentieren. Dies tun vor allem »Programmmütter«, die ihre Kinder nicht liebevoll nach Gefühl umsorgen, sondern sich an generelle Richtlinien halten und ein klares Bild davon im Kopf haben, wie ihr Kind zu sein hat. Vielleicht waren wir auch eines dieser perfekten und verlässlichen Kinder – unsere Mutter war zufrieden mit uns, was uns viel Freude bereitet hat, und doch haben wir irgendwo in unserem Unbewussten gespürt, dass etwas in unserer Beziehung nicht stimmt. Unsicherheit in Bezug auf unsere Gefühle kommt auf. Auf was können wir uns verlassen? Wir beginnen, uns langsam zu verschließen, weil wir unseren Gefühlen nicht mehr trauen. In den ersten acht bis zehn Lebensjahren sind wir umgeben von Frauen. Ein großer Teil unserer Gefühlswelt, nämlich die männliche Seite, bleibt somit unberührt. Wir richten uns immer mehr nach der weiblichen mütterlichen Gefühlswelt und werden damit als Mann leicht desorientiert. Wir beginnen, unsere Gefühlswelt abzutrennen und unsere Gefühle zu isolieren.

Uns unserer Gefühle wieder bewusst zu werden und sie anzuerkennen ist ein guter Weg. Selbstgefühl ist auch die wichtigste Kraft im Mann. Wenn wir uns so gut um unsere Gefühle küm-

mern wie um unsere geschäftlichen Belange, haben wir eine
große Chance auf Veränderung.

Schließen Sie erneut die Augen und gehen Sie einfach
nur Ihrem Atem nach. Ohne einen besonderen Anspruch
und ohne den Wunsch nach Perfektion, einfach nur bewusst werdend, was jetzt in Ihrem Körper passiert. Sagen
Sie innerlich einfach nur »Ja«. Alles, was aufkommt, ist
in Ordnung, es gibt kein richtig oder falsch. Ihr Körper
weiß, was passieren soll. Jedes Gefühl, das auftaucht, ist
in Ordnung: Freude, Lust, Trauer, Scham, Grollen, Wut,
Aggression, Unsicherheit, Kontrollverlust, Ohnmacht.
Und dann beginnen Sie, das Gefühl zu benennen. Lassen
Sie es emotional immer größer werden. Ohne Anstrengung.

Ich lasse es jetzt zu. So wie es ist.
Dieses Gefühl, das sich anfühlt wie … kenne ich woher?
An was erinnert mich das Gefühl?
Wo im Körper spüre ich es verstärkt?
Was wünscht es sich von mir?
Alles was kommt, geht auch wieder.
Aber diesmal hält es die Informationen für mich bereit,
die mich und meine Gefühle verändern.

Atmen Sie sanft und liebevoll, gehen Sie voller Liebe mit
sich um.
Was verändert sich? Wie fühlen Sie sich mit Ihren soeben
bewusstgemachten Gefühlen?
Nehmen Sie sich immer wieder Zeit zu fühlen – mit sich
alleine.

Ich selbst bin kein Freund von lang ausgedehnten Meditationen. Für mich war es immer anstrengend, lange und zu einem bestimmten Zeitpunkt umzuschalten. Ich freue mich, die vorgestellte Übung oder andere Momente der Stille im täglichen Leben jederzeit anwenden zu können. Ob im Stau, im Büro oder beim Spazierengehen. Verurteilen Sie sich also nicht, machen Sie sich nicht klein, indem Sie diese Übung als unmännlich und unfunktionell abtun. Meine jahrzehntelange Erfahrung zeigt, dass die Kraft der Veränderung im Detail und im Einfachen liegt. Meine männlichen Kursteilnehmer machen sich darüber gerne lustig und protestieren trotzig und infantil mit verschränkten Armen. Gerade diese Teilnehmer sind es aber auch, die mit der Wiederholung dieser einfachen Fühlübungen zunehmend mehr Freude und Erkenntnisse sammeln. Dazu möchte ich Sie ermutigen. Gefühle stehen auch uns Männern gut zu Gesicht.

Es tut gut (mich) zu fühlen. Danke.

Hören Sie auf, sich einzumischen

Immer wieder höre ich von meinen Klienten, dass deren Eltern doch so unglücklich sind. Sie würden sich immer nur streiten, Mutter würde so unter der Beziehung leiden. Frage ich dann nach, wie lange die beiden denn schon ein Paar sind, höre ich oft, es seien vierzig, fünfzig oder gar sechzig Jahre! Wie kommen wir Kinder dazu, über eine solche Partnerschaft zu urteilen? Meinen Sie nicht, dass Ihre Eltern eine Beziehung führen, die sich möglicherweise genau so bewährt hat? Das sich Ihre Eltern auf Ihre eigene Art lieben oder lieben gelernt haben? Was lässt Sie urteilen, dass diese Beziehung so nicht richtig ist?

Männer mischen sich gerne ein, weil sie es auch im Geschäftsleben so kennen. Wir wissen es besser, was gut für unsere Eltern wäre, allen voran für die Mutter, die scheinbar so leiden musste. Aber woher wissen wir, dass dies tatsächlich so war? Doch nur aus zweiter Hand, von unserer Mutter, die uns ihre subjektive Wahrnehmung vermittelt hat.

Wir nehmen damit mehr auf uns, als wir tragen können. Diese Verantwortung ist wieder zu groß für unseren Rucksack. Denn das Recht, über die Beziehung unserer Eltern zu richten, steht uns nicht zu. Punkt. Wenn wir das tun, ist dies vielleicht auch ein Indiz dafür, dass wir in unserem Schicksal, das ja bekanntermaßen mit Vater und besonders mit Mutter begonnen hat, so involviert sind, dass wir noch immer daran festhalten müssen. Doch genug der Ausreden: Kehren Sie vor Ihrer eigenen Tür und lassen Sie Ihre Eltern Ihre Beziehung in Ruhe leben! Ist das nicht ein erleichterndes Gefühl?

Mutter, es ist deine Verantwortung. Du kannst es tragen.
Denn ich bin (nur) dein Sohn, der Kleine, du bist meine
Mutter, die Große.
Das wird so bleiben, über den Tod hinaus.

Geben Sie die Verantwortung dorthin, wo sie hingehört

Paradoxerweise belasten uns oft die Dinge, die uns gar nicht wirklich betreffen. Wir haben sie selbst nicht erlebt, werden sie so auch nicht erleben können. Ich spreche hier z. B. von Kriegsgeschehen, von der tiefen Trauer und dem Schmerz anderer, von den Geschichten ferner Ahnen, also auch von all dem, was sich über Ihre Mutter zu Ihnen hin ausdrückt.

In dem Versuch, es der Mutter besonders leicht zu machen, machen wir es uns besonders schwer. Es gilt jetzt weiterhin, Ordnung in Ihren Seelenhaushalt zu bringen. Dafür schlage ich Ihnen folgendes Ritual vor.

Schließen Sie die Augen, stellen sich bitte wieder Ihre Mutter vor. Sie stehen Ihrer Mutter gegenüber. Nun bemerken Sie, dass das Schicksal Ihrer Mutter wie durch ein Wunder plötzlich in Ihren Händen liegt.

Wie schwer wiegt es?
Wie sieht es überhaupt aus?

Und nun nehmen Sie einen tiefen Atemzug und sprechen folgenden Satz: »Mutter, ich habe es lange Jahre für dich getragen, aber heute gebe ich es dir zurück. Es ist deine Verantwortung und die Verantwortung von Vater, bitte macht es unter euch aus.«

»Ich bin ›nur‹ euer Kind, diese Verantwortung ist mir zu viel für meine Seele, die Verantwortung gehört zu dir, Mutter.«

Nun atmen Sie tief ein und weit aus und reichen Ihrer Mutter »die ganze Schuld, mit allem Drum und Dran« aus Ihren Händen. Nimmt sie sie nicht, legen Sie ihr »die Schuld« zu Füßen.

»Liebe Mutter, es gehört zu dir, nicht zu mir.
Ich mute es dir zu, es zu tragen.«

Hören Sie auf, mit Ihrem Chef zu streiten

Immer wieder erlebe ich bei meinen Klienten Schwierigkeiten gegenüber Autoritäten. Auch dies rührt von den Erfahrungen unserer Kindheit her. Es ist wieder der Groll gegen unseren eigenen Vater, der uns unbekannt geblieben ist oder mit uns nicht konnte. Und so schieben sich in kritischen Situationen alte Bilder der Kindheit über aktuelle Situationen mit Chefs und Vorgesetzten, ohne dass wir uns dessen bewusst sind.

Eine Übung zur Lösung: Stellen Sie sich Ihren Chef oder Vorgesetzten vor. Erinnern Sie sich nun an eine Situation, die Sie in Schwierigkeiten gebracht hat. Lassen Sie die gesamte Situation vor Ihrem Inneren Auge auftauchen. Und nun stellen Sie sich Ihren Vater neben dieser Person vor. Lassen Sie Ihren Blick zwischen diesen beiden Personen hin und her wandern. Fallen Ihnen Gemeinsamkeiten oder Unterschiede auf? Dann sagen Sie zu Ihrem Vater:

»Du bist mein Vater und ich bin dein Kind und was wir zu klären haben, klären wir beide.«

Und dann blicken Sie Ihren Vorgesetzten an und sagen ihm vor Ihrem inneren Auge:
»Sie sind mein Vorgesetzter und ich bin ein erwachsener Mitarbeiter. Ich habe sie mit meinem Vater verwechselt. Das eine hat mit dem anderen nichts zu tun!«

»Sie sind nicht mein Vater!«

Nehmen Sie einen tiefen Atemzug und fühlen die Leichtigkeit dieser neuen Ordnung. Wiederholen Sie diese Übung öfter.

Haben Sie Sex mit Herz

Kennen Sie den Unterschied zwischen Sex ohne Herz und Sex mit Herz? Für viele Männer ist Sex eine Art »aktivere« Selbstbefriedigung. Es wird gevögelt und wenig gefühlt, weil es auch hier darum geht, im wahrsten Sinne des Wortes, seinen Mann zu stehen. Wenn wir uns über Bordellbesuche und One-Night-Stands definieren, hat dies eher wettbewerbsorientierte und pubertäre Charakterzüge. Das bringt uns emotional nicht wirklich weiter. Sex ohne Herz. Viele unter uns haben den richtigen Zugang zur Liebe mit Sex und Sex mit Herz verloren. Denn wirklich befriedigenden Sex können auch wir Männer nur haben, wenn wir der Partnerin vertrauen, ihre Gefühle und Wünsche kennen, sie damit ganz freud- und lustvoll beglücken können und wir selbst zu einem ordentlichen Höhepunkt kommen. Nur wenige unter uns kennen diesen Unterschied zwischen Höhepunkt und Abspritzen. Es geht also nicht darum, uns selbst Trophäen zu schießen, sondern uns unserer Partnerin mit dem Respekt und der Wertschätzung zu nähern, die wir uns selbst entgegenbringen.

Gelingt uns dies nicht, liegt das daran, dass wir unsere Partnerin noch immer mit der Mutter verwechseln und ihr deshalb nicht zu nahe kommen können. Lieber gestatten wir uns wechselnde Beziehungen oder Bordellbesuche, um uns dort mit aller Fantasie auszuleben. Klären wir die Beziehung zu unserer Mutter, müssen wir uns bei unserer Partnerin nicht verhalten wie ein kleines Kind oder sie nötigen wie ein ungezogener Junge.

Wirklich erfüllende Sexualität ist nicht die Sensorik über das Genital, sondern ein Erleben mit dem ganzen Körper. Sich achtsam mit dem Körper einer Frau zu befassen und einer Frau erlauben, dass sie sich mit Ihrem Körper befasst ist ein großes Erlebnis. Auch hier schwelgen wir in der Polarität von Männlichem und Weiblichem und im Ausgleich von Geben und Nehmen. Sich verwöhnen zu lassen, aber auch zu verwöhnen.
Wichtig dabei ist die achtsame Freude und nicht der Druck, alles besonders gut und perfekt zu machen. Das ist für viele von uns noch anstrengend. Oftmals gibt es auch das vermeintlich Verbotene, das wir in uns tragen, nicht auszusprechen wagen und weshalb wir in unseren Fantasien zu anderen Frauen gehen, statt sie an die eigene Partnerin heranzutragen. Wenn wir uns zu einem geeigneten Zeitpunkt ein Herz nehmen und unsere Partnerin über unsere Wünsche aufklären, werden wir bemerken, dass so manches vielleicht gar nicht unanständig ist, so wie es uns ehemals erzählt worden ist. Scham, der Partnerin unsere sexuellen Wünsche mitzuteilen, ist die Scham gegenüber unserer Mutter. Haben Sie Mut, endlich wirklich zu lieben!

Ich lebe mich und liebe dich.

Bleiben Sie treu oder behalten Sie es für sich

Wenn wir oder der Partner fremdgehen, also eine Außenbeziehung suchen, ist das nie die Schuld des Einzelnen. Wie zu einer verbindenden Partnerschaft gehören auch zu einem Bruch immer zwei Menschen. Im Moment des Dramas mag es seltsam klingen, aber wenn Sie zu den Männern gehören, die immer verlassen werden, müssen Sie sich selbst fragen, warum Sie so unaufmerksam waren und die Entfremdung nicht früher bemerkt haben. War Ihnen Ihre Partnerin bis zu einem gewissen Punkt egal?

Wenn Sie derjenige sind, der fremdgegangen ist, tragen Sie auch die Verantwortung für Ihre Entscheidung. Wenn es sich dabei um einen Ausrutscher, einen One-Night-Stand handelt, dann tun Sie gut daran, es ganz für sich zu behalten. Denn alles andere wäre unverantwortlich. Sie belasten damit nur Ihre Familie und Partnerin und geben Verantwortung ab. Dies entspricht wieder dem kleinen Kind, der Mutter alles gestehen zu müssen, um seine Schuld in Unschuld wandeln zu können. Es bleibt bei Ihnen! Damit auch die Schuld. Wenn Sie öfter fremdgehen, sollten Sie sich fragen, wie tragfähig Ihre Beziehungen überhaupt sind.

Anders, wenn sie beginnen, kein spontanes, sondern ein planmäßiges Fremdgehen über längere Zeit zu akzeptieren. Dann sollten Sie ebenfalls Verantwortung übernehmen, jedoch dahingehend, dass Sie Ihrer Partnerin reinen Wein einschenken und sich selbst darüber klarwerden, was aus Ihrer Beziehung, was aus Ihnen und aus der Partnerschaft geworden ist. Auch das ist Verantwortung als ganzer Mann. Ist die Beziehung dann noch zu retten, kann das eine große Chance für einen nächsten Entwicklungsschritt sein.

Ich bin ehrlich zu mir.

Lieben Sie die Arbeit, die Sie tun, oder lassen Sie sie

Nach 15 Jahren in meiner eigenen erfolgreichen Werbeagentur habe ich mein Unternehmen in neue Hände gegeben. Seither gehe ich meiner wahren Berufung nach: dem Coaching von Menschen. Aus heutiger Sicht kann ich sagen, dass ich meine ersten Berufsjahre, also die in der Werbung, in treuer Loyalität und Verbundenheit zu meinem Vater absolviert habe. Ich habe es mit Freude getan, doch auch mit dem Hintergedanken, mich beweisen zu müssen. Heute lebe ich meine wahre Berufung. Seitdem ich mich der Arbeit mit Menschen verschrieben habe, lebe ich im echten Miteinander und lerne noch heute täglich selbst dazu. Spätestens in der Lebensmitte sollten wir uns fragen, ob uns das, was wir tun, wirklich Spaß macht und ob wir es auch für uns tun. Oder für unsere Mütter oder unsere Väter? Wenn ich mich selbst nicht leben kann, weil ich etwas tun muss, was andere von mir verlangen und es möglicherweise der Familienhistorie entspricht, dann lebe ich das Leben anderer und nicht mein eigenes.

An dieser Stelle können Sie sich fragen, was Ihnen als kleiner Junge wichtig war, was Sie mit viel Freude gemacht haben und wie viel von dem heute in Ihrem Leben noch übrig ist.

Wie sieht Ihr perfekter Tag aus?
Was würden Sie tun, wenn Geld keine Rolle spielen würde?
Was würden Sie tun, wenn Mutter endlich einmal alles zulassen würde?
Was würden Sie am liebsten tun, auf das Ihre Mutter überhaupt nicht stolz wäre?
In welchem Beruf würde ein »richtiger Mann« arbeiten?
Welche Arbeit hätten sie sich für Ihren Vater gewünscht?
Welchen Beruf hätten Sie, wenn Sie wiedergeboren würden?

Können Sie die Leichtigkeit und Freiheit, die allein diese wenigen Fragen in Ihnen auslösen, fühlen? Meistens beherrschen uns Männer Gedanken wie: »Ich muss es schaffen!«, »Ich muss erfolgreich sein!«, »Ich muss viel Geld verdienen!« Wir wollen keine Loser sein und orientieren uns an den anderen, die auch nur schuften. Das scheint das allgemein gültige Männerbild zu sein. Doch es ist das Bild verwirrter Männer!

Nie waren wir so frei wie heute!

Wir müssen uns nicht an alten Rollenbildern orientieren, sondern wir müssen herausfinden, wofür unser Herz wirklich schlägt. Welchen Ruf hinsichtlich unserer Berufung wir wirklich hören können. Dann sind die nächsten Schritte die, dass Sie Ihre Arbeitssituation so verändern, dass Sie eine erfüllende Arbeit leben können. Fragen Sie sich doch einmal, ob Sie dort richtig sind, wo Sie heute sind. Wenn Sie in einem großen Konzern arbeiten, aber lieber direkten Kontakt mit dem Chef hätten, sollten Sie sich ein mittelständisches Unternehmen suchen. Wenn Sie vielleicht weniger auffallen wollen, dann sollten Sie den Weg genau umgekehrt gehen. Auch hier gibt es kein richtig oder falsch, sondern nur Ihre eigene Idee vom Leben.

Sie haben nur ein Leben!

Wir Männer sollten aufhören, andere Männer für unser Leben verantwortlich zu machen, begonnen beim Vater bis hin zu Vaterfiguren im Berufsleben und der Politik, und endlich Verantwortung für uns selbst übernehmen. Steigen Sie aus der Opferrolle aus, die Sie von Ihrer Mutter übernommen haben, und werden Sie tatkräftiger »Täter« für eine verantwortungsvolle Selbstbestimmung!

Und hören Sie jetzt bitte auf, sich selbst zu erzählen, dass das alles nicht gehen kann, weil es am Geld scheitert. Die Hypothek, die Familie! Das sind alles faule Ausreden. Bisher hat jeder der Teilnehmer meiner Seminare einen Weg gefunden. Der Grund? Sie wollten es wirklich!

Ich will.

Das steht Ihnen gut: Schwäche & Verletzlichkeit

Jeder von uns muss sich fragen, wie weit er den Kontakt zu sich selbst verloren hat. Je weniger wir uns selbst fühlen und spüren, desto mehr ist uns unser Kontakt zu uns selbst verloren gegangen. Unter der schauspielerischen Maskerade haben wir im Alltagsgeschäft gelernt, unseren Mann zu stehen. Und was passiert in unserem Privatleben?

In meiner Praxis erlebe ich vor allem zwei extreme Männertypen, die unfrei sind: Der eine kommt abends nach Hause und hält sich schüchtern zurück wie ein kleines Kind, weil er Angst hat, zu verletzen oder verletzt zu werden. Er benötigt auch im Privatleben eine Partnerin, die ihm zeigt, wo der Hammer hängt, was zu tun und zu lassen ist. Er passt sich an und erfüllt ihre Erwartungen. Der andere Typ lebt seine Hilflosigkeit und Frustration über ungelebte Sehnsüchte in höchster Aggression an Frau und Kindern aus.

Es liegt nur an uns selbst, mit diesem Schauspiel aufzuhören. Denn es kostet Kraft und reißt uns täglich immer tiefer hinein in die Verstrickung, damals mit der Mutter, heute mit der Partnerin. Denn beide beschriebenen Typen sind mit ihrer Mutter aufs Tiefste verstrickt.

Was für ein Spiel spielen Sie?

Schwäche zeigen zu können und sich verletzlich zu geben ist ein Akt der Nähe. Und damit das Tor zur Klarheit als echter Mann neben einer echten Frau. Nur Sie können entscheiden, ob Sie diesen Weg der Nähe zulassen möchten, der anfangs ungewohnt und vielleicht von Schrecken begleitet wird. Der Lohn dafür ist gigantisch. Eine echte Verbindung zwischen Mann und Frau.

Ich darf authentisch sein, mich auch verletzlich zeigen.

Die wichtigste Zeit Ihres Lebens: Verbringen Sie Zeit mit sich selbst

Viele von uns erwarten noch heute, dass die Liebe etwas ist, das von anderen, von Außenstehenden, kommen muss. Das trifft für ein kleines Kind, das von den Eltern abhängig ist, zu. In dieser Zeit, also als kleines Kind, haben wir auch glauben gelernt, dass Liebe etwas ist, das nicht in uns ist. Die Selbstliebe ist also etwas, das wir uns heute wieder selbst erarbeiten müssen. Tun wir das nicht, glauben wir ein Leben lang von anderen und deren Liebe abhängig zu sein. Die Bestätigung, ein echter Mann zu sein, erwarten wir dann von Vorgesetzten und von der Partnerin.

Die Klarheit, ein richtiger Mann zu sein, können wir nur in uns selbst fühlen. Wir selbst müssen den Kraftquell in uns finden, damit wir für unsere Partnerin auch der Fels in der Brandung sein können oder werden, wenn es darauf ankommt. Denn dann ist der Mann mit all seiner Verantwortung ein echter Mann. Doch diesen Quell der Männlichkeit haben die meisten von uns vergessen, weil ihn offenbar alle irgendwie vergessen haben. Wir konzentrieren uns, wie es das Geschäftsleben fordert, immer mehr auf unseren Verstand. Das Gefühl bleibt auf der Strecke. Doch kann man über den Verstand glücklich werden? Wir reden uns also gut zu. Unser Verstand hilft uns, über richtig oder falsch zu entscheiden. Er weist uns darauf hin, dass eine rote Ampel nicht überquert werden soll, dass wir zu gegebenem Zeitpunkt den Mund halten oder aufmachen sollten, aber er wird uns nicht über unsere Gefühle aufklären.

Die durchschlagende Erfahrung, die alle Teilnehmer in unseren Kursen machen, ist, dass alles, was wir benötigen, bereits in uns ist. Das ist kein lauer und frommer esoterischer Spruch, sondern erlebte Tatsache. Wir glauben nur nicht mehr daran, weil uns unsere Außeneinflüsse durch den Tag prügeln und wir uns damit die außergewöhnlich einfache Möglichkeit nehmen, wie wir diese Erfahrung nähren können: Durch Stille und Achtsamkeit. Für uns Männer, die wir uns gerne über Schmerz und Leistung definieren, klingt das erst einmal irrational.

Das Codewort lautet: Herzensqualität

In der Stille und in der Achtsamkeit werden Sie entdecken, dass Sie nicht anders können, als auf Ihr Herz zu hören. Sie müssen sich diese Ruhe nur nehmen! Unsere Männerherzen sind meist gequält und gefesselt – durch uns selbst. Sie verbringen den größten Teil Ihrer Wachzeit im Berufsleben, die Fahrten zum Arbeitsplatz und sogar Gespräche mit Freunden kreisen meist nur um den Beruf. Der Rest der Zeit wird hoffentlich noch mit Partnerin oder Familie verbracht, doch auch hier sitzt »Mann« meist erschöpft vor dem Fernseher oder Computer. Die Idee, sich regelmäßig mit sich ganz alleine zu beschäftigen, ist den meisten von uns fremd. Doch wenn wir Männer endlich beginnen, auf unser Herz zu hören, einmal einen spontanen Waldspaziergang machen, bei dem wir nur darauf achten, was um uns passiert, was uns die Natur gerade zuflüstern möchte, werden viele offene Fragen auf natürliche Art und Weise beantwortet.

Ein Tipp: Die Zeit mit uns selbst muss eingeplant und trainiert werden, damit wir sie später ganz selbstverständlich nehmen können. Denn was vielleicht am Anfang, siehe Waldspaziergang, noch als Zeitfresser gilt, darf sich mit einer gewissen Übung in unser tägliches Leben integrieren. Wir hören dann endlich wieder auf unser Herz. Es muss nicht immer die »gründliche« Meditation sein, wenngleich auch diese einen hohen Nutzen hat. Meditation ist für mich eher eine Schule als eine Lebensform. Die Wahl eines bewussten und spirituellen Lebens ist eine *ganzheitliche Lebensform.* Sie ist eine Entscheidung. Auch die allgegenwärtigen »Zeitfresser« im Wartezimmer, am Bahnhof, im Stau auf der Autobahn können ganz bewusst genutzt werden. Zeit mit sich selbst ist kostenlos und für jeden von uns frei verfügbar. Es gilt, sie sich einfach zu nehmen!

Aber Achtung! Viele von uns haben Angst, sich dieser Stille auszusetzen, denn es fühlt sich anfangs unkontrolliert an. Und wenn jetzt in Ihnen der Gedanke aufkommt: »Gut, dann gehe ich einfach ins Fitnessstudio oder jogge eine Stunde länger«, dann haben wir uns missverstanden.

Fühlen Sie sich?

Werden Sie sich Ihrer Ressourcen bewusst

Jeder von uns hat versteckte Kraftreserven. Ähnlich wie vieles andere in unserem Unbewussten, schlummern auch versteckte Kraftreserven und Ressourcen in uns. Oft stehen uns Menschen bei, von denen wir gar nicht wissen, wie viel Kraft sie uns geben. Und deshalb bitte ich Sie, mit mir die nachfolgende Visualisierung durchzugehen, damit Sie sich Ihrer verborgenen Kraftreserven bewusst werden können.

Stellen Sie sich vor Ihrem inneren Auge eine Festtafel vor. Über dieser Festtafel hängt eine Fahne oder ein Banner, auf dem steht: »Ich gebe mir die Erlaubnis, als Mann frei und glücklich zu leben!« Gehen Sie nun auf diese Festtafel zu und entdecken Sie, wer dort auf Sie wartet. Der erste Mensch kommt schon ganz freudig auf Sie zu und begrüßt Sie. Blicken Sie ihm in die Augen und freuen Sie sich darüber, dass er Sie bei Ihrem Ziel unterstützt. Und vielleicht ist da noch eine weitere Person, die nun zu Ihnen an die Festtafel gekommen ist, um Sie ebenfalls zu unterstützen?

»Danke, dass du gekommen bist!
Ich freue mich sehr, dass du mich unterstützt und hinter mir stehst!«

Und wenn Sie nun weitergehen, entlang dieser Festtafel, dann können Sie entdecken, dass in deren Mitte ein Symbol steht. Es ist ein Symbol für Ihre neue Freiheit als Mann.

Wie sieht dieses Symbol aus?
Welche Kraft können Sie durch dieses Symbol fühlen?

Vielleicht ist es ein Symbol, das Sie in der Realität wirklich finden können und sich dort aufstellen, wo es Sie immer wieder an Ihre innere Kraft erinnern kann. Dann gehen Sie vor Ihrem inneren Auge noch weiter an dieser Festtafel entlang. Nun kommt ein Mensch auf Sie zu, von dem sie überhaupt nicht erwartet hätten, dass er zu Ihrer Feierlichkeit kommt. Und vielleicht möchten Sie ihm sagen:

»Danke, dass auch du gekommen bist!
Ich freue mich sehr, auch wenn wir uns nicht so gut verstanden haben!
Schau bitte freundlich, wenn ich mein Leben erfüllt lebe!«
Vielleicht kommt noch eine weitere Person …
Wenn Sie all das nachvollzogen haben, können Sie sich langsam von Ihrer Festtafel verabschieden, etwas entfernt im passenden Abstand stehen bleiben und sich vielleicht noch einmal bedanken für das, was Sie gerade erfahren durften.

Wenn Sie diese Arbeit vertiefen möchten, dann empfehle ich Ihnen meine Visualisierungs-CD *Wecke deine Kraftreserven!*, die es Ihnen ermöglicht, diese Traumreise ausführlich zu erleben.

Ich nutze meine Kraftreserven.

Üben Sie sich im Verzichten

Schon die alten Griechen waren sich über die besondere Art der Selbstschulung aus religiöser oder philosophischer Motivation bewusst: Askese. Die Abwesenheit von Gewohntem schenkt uns auch heute noch neue Blickpunkte und beeinflusst unser Verhalten zum Positiven.

Die Gewohnheit ist die mächtigste Herrin über alle Dinge.
Michel de Montaigne

In unseren »Alles-ist-möglich«-Zeiten, in denen wir alles und jedes zu null Prozent Zinsen und das auch noch sofort erhalten, sind wir mit so vielen Reizen überflutet, dass uns auch hier die Ordnung völlig verloren geht. Wir schwimmen im Konsumrausch und haben vergessen, was uns wirklich guttut, was uns wirklich nährt. Viele Männer, die noch sehr an die Mutter gebunden sind, haben das ständige Gefühl, zu kurz zu kommen, eben nicht ausreichend – mütterlich – »genährt« zu werden. Es beginnt beim Essen und endet bei Materiellem. Aus dieser trotzig infantilen Spirale auszubrechen kann aber sogar Freude bereiten.

Sich selbstverordnet nach eigenen Ideen bewusst von Dingen zu entbinden, sich abstinent zu zeigen und sich selbst zu beweisen, dass wir noch Herr im eigenen Hause sind, tut uns Männern gut. Einmal Dinge bewusst zu entbehren.

Ich persönlich habe jedes Jahr in den ersten drei Monaten Freude daran, meine eigene, ganz persönliche Fastenzeit zu arrangieren. Meine Enthaltsamkeit heißt für mich Verzicht auf Alkohol, auf Süßes und auf Weißmehl. Konsequent. Das reinigt meinen Körper, macht meinen Kopf frei, lässt in mir Wesentliches auftauchen und erfreut mich im wahrsten Sinne des Wortes. Nach Aussage meiner Frau Nina steigert das meine Laune – auch meine Freude an Bewegung nimmt noch mehr zu! Die Jahreswende noch in der kalten Jahreszeit langsam zu verabschieden und das kommende Frühjahr zu begrüßen, ist für mich immer wieder ein freudiges Ereignis.

Zudem wird in uns damit ein natürlicher Mechanismus aktiviert, der uns unbewusst zeigt, dass wir zu weit mehr fähig sind, als wir glauben. Wir liefern uns selbst den Beweis durch Konsequenz. Das ist ziemlich männlich.

Auf was könnten Sie verzichten?

Wertvoll sein:
Spüren Sie Wert durch Sinngebung

Gerade in unserer materiellen Welt, wo wir selbst so in Beschlag genommen sind, kann es wichtig sein, etwas sinngebendes Neues zu integrieren. Haben Sie schon einmal über die Möglichkeit einer ehrenamtlichen Tätigkeit nachgedacht? Beispielsweise ist es berührend zu sehen, wenn sich Männer in Kinderheimen, Waisenhäusern oder sonstigen Institutionen engagieren.

Helfen macht high!

Wann immer wir andere selbstlos unterstützen, gibt es in unserem Belohnungssystem im Gehirn einen Endorphin-Kick, das so genannte »Helper's High«. Das hat die Psychologin Sonja Lyubomirsky, Glücksforscherin und Professorin an der University of California, nachgewiesen. Es verbessert unser Selbstbild und unseren Selbstwert. Denn die Verbindung im Miteinander mit anderen Geschöpfen, die ohnmächtig und hilflos sind, lässt uns wieder mit unseren eigenen tiefen Gefühlen und Sehnsüchten in Verbindung treten. Und für den Fall, dass Sie vielleicht selbst keine Kinder haben, ist die Idee mit Kindern in Kontakt zu treten, äußerst heilsam. Es geht hier nicht um viel Zeit, sondern um bewusste Zeit. Zeitqualität, nicht -quantität. Kein Helfersyndrom, sondern Empathie und soziale Intelligenz. Diese Wirkung kann bereits bei zwei oder drei Stunden im Monat sehr kraftvoll sein, um unseren Wert als Mann auch in Kinderaugen mit Stolz spüren zu dürfen.

Ich bin wertvoll.

Stellen Sie ein Bild von Ihrer Mutter auf

Klingt komisch, ist aber äußerst hilfreich. Ich kann mir gut vorstellen, was sie beim Lesen dieser Überschrift gedacht haben: »Ich dachte, ich soll mich von meiner Mutter entbinden und distanzieren und jetzt plötzlich soll ich ein Bild aufstellen?«

Die Verpflichtungen und Glaubenssätze, die wir für unsere Mutter tragen, halten uns ordentlich auf Distanz zu unserer Mutter. Gutes für Mutti tun schafft Distanz. Wenn ich beginne, meiner Mutter ihr Leben zuzumuten, bin ich auf dem Weg der Freiheit. Dann kann ich meiner Mutter wirklich näherkommen, als Kind, und die Liebe kann fließen. So einfach ist das.
Und wenn Sie nun ein Bild Ihrer Mutter aufstellen oder vielleicht sogar ein Bild von Vater und Mutter zu Zeiten, in denen sie einander geliebt haben, dann werden Sie bemerken, dass dies eine gute Wirkung hat. Nehmen Sie das Bild immer wieder entspannt wahr, freundlich grüßend, und vielleicht mögen Sie manchmal sogar ein Zwiegespräch halten. All das bringt Leichtigkeit. Und wenn es Ihnen auch noch gelingt, einen tiefen

Atemzug von innen heraus zu nehmen, immer wieder das abzugeben (ausatmen), was Sie belastet, werden Sie in kürzester Zeit eine große Leichtigkeit spüren.

Mutter, es gehört zu dir.
Wenn ich es dir überlasse, kann ich dir näher sein.

Fühlen Sie.
Wenn Einfaches schwer erscheint

Eines der wichtigsten Anliegen dieses Buches ist es, dass Sie sich wieder fühlen können, damit wieder neuer Kontakt zu einem alten inneren Wissen in Ihnen stattfindet. Das geht einfach, wenn Sie es sich nicht unnötig schwer machen. Fühlen hat etwas mit innerer Achtsamkeit zu tun. Sich selbst spüren heißt, sich neu kennenlernen, sich akzeptieren. Fühlen bedeutet annehmen und loslassen. Fühlen ist Präsenz! Jetzt. Nichts anderes als das Jetzt zu fühlen. Und wenn Sie dem Zustand des Jetzt ganz genau nachgehen, werden Sie feststellen, dass in diesem Moment, ja gerade in diesem Moment alles in Ordnung ist. Selbst wenn es Ihnen nicht gut geht: Es ist ein Phänomen, dass im Jetzt, also in dieser Sekunde alles in Ordnung ist, weil es eben einfach ist.

Wenn Sie jetzt grübeln, bestätigt dies meine Annahme, dass die einfachste Übung in diesem Buch, das Fühlen, gleichzeitig die wohl schwerste sein könnte. Denken Sie so? Dann wird es auch so sein! Bemerken Sie gerade etwas? Wir selbst sind die Annahme, die Idee vom Leben, und folglich auch Kapitän der Dinge, die geschehen. Wenn Sie annehmen, dass es so ist, dann wird es auch so sein.

Eine schöne spontane Fühlübung ist der Satz, in dem es heißt, man sei sich selbst das größte Geschenk. Fügen Sie einfach Ihren Namen ein und sprechen Sie diesen Satz ein paar Mal laut aus:

»(Ihr Vorname), du bist dir dein größtes Geschenk!«

Ausblick: Wie geht es weiter? Unsere Kinder, Patchwork und das Beziehungsleben

Ihr Sohn.
Besser machen – nein, anders machen!

Gerade Väter müssen ihren Mann stehen, darin sind wir uns jetzt einig. Es ist ein großes Glück, einen Sohn zu erleben, denn dadurch lässt sich auch die eigene Kindheitsgeschichte erfühlen. Klären Sie als Mann Ihre Themen mit Ihren Eltern (im Ursprung, in der Herkunftsfamilie) und mit Ihrer Partnerin (Gegenwartsfamilie) unabhängig davon, ob sie noch mit Ihrer Partnerin zusammen sind oder nicht. Es ist Ihre Verantwortung. Es geht um Ihren Wohl-Stand, Ihre Position als Mann!

Als Mann sind Sie gefordert (ebenso wie die Mutter), dem Bedürfnis des kleinen Jungen nach Nähe und nach Unabhängigkeit Rechnung zu tragen. Ich sehe es oft bei unserem Dreijährigen, der auf der einen Seite ziemlich stolz darauf ist, mit seinem Spielzeugkran zu spielen, ihn herumzutragen und zu zeigen; auf der anderen Seite möchte er kurze Zeit später mit dem Schmusetuch und dem Schnuller mit mir kuscheln.

Seien Sie ein erreichbarer Vater, mit Fehlern, die ein Sohn auch
wahrnehmen darf.

Jungen versuchen in der Regel, einen »Vaterverlust« stärker auszugleichen als Mädchen. Sie retten sich in Fantasien, die sich
oft um Unabhängigkeit oder um Stärke anderen gegenüber, wie
Klassenkameraden oder anderen männlichen Personen, drehen.
Zeigen Sie sich als Vater, erzählen Sie ab und zu, wie es ist, ein
Mann zu sein. Sprechen Sie über »Stärke«, »Männlichkeit«,
»Kraft«, aber auch über Gefühle und Unsicherheiten, eben über
all das, was Jungen irgendwann interessieren könnte. Hören Sie
Ihrem Sohn gut zu und stellen Sie auch Fragen, denn oftmals re-
gen die Gedanken und Gefühle unserer Kinder auch unser eigenes Erleben an. Das Wichtige sind nicht Ihre großen Geschichten, sondern die Gemeinsamkeiten zwischen Ihnen und Ihrem
Sohn. So kann sich der Kreis vom eigenen Erleben als Kind zum
heutigen Vater-Sein schließen.

Interessieren Sie sich aufrichtig! Daran wird er wachsen.

Bitte überfordern Sie aber den kleinen Mann nicht. Verfallen
Sie nicht in eine Aufklärungswut, sondern hören Sie einfach zu,
um was es Ihrem Sohn geht. Das wird ihm gefallen! Geraten Sie
nicht in einen Leistungsdruck, der ihn und Sie von A nach B,
vom Gitarrenunterricht zur Nachhilfe zum Fußballclub und zurück hetzt.
Wie bei allen Glückserlebnissen steht nicht die Quantität des
Erlebens, sondern die Tiefe der Erfahrungen im Vordergrund.
Einmal eine Sonnenfinsternis zu erleben ist ein Abenteuer, täg-
liche Dunkelheit eine Belastung. Einmal im Monat hervorra-
gend speisen ist etwas Besonderes, jeden Tag in Spitzenrestau-
rants zu essen wird irgendwann öde und fad. Und deshalb tun

wir gut daran, den tatsächlichen Moment zu genießen – gerade mit unseren Kindern, denn er wird so nie wiederkommen. Wir können davon ausgehen, dass wir in den Kinderaugen auch immer wieder unsere eigenen Geschichten sehen dürfen. Wenn wir uns daran erinnern, was unsere Mutter und unser Vater zu uns gesagt haben, dann können wir es heute ganz bewusst und aus vollem Herzen einfach anders machen. Ist das nicht ein großes Glück?

Wenn es den Eltern gut geht, gehen die Kinder spielen.

Gute Beziehungen sind sicher das Schönste für Kinder. Doch für mich ist eine »defekte« Beziehung, in der man eine klare, erwachsene Trennung herbeiführt und den Kindern dennoch Klarheit und Orientierung gibt, allemal besser als eine Beziehung zwischen Mutter und Vater, die sich ständig bekriegen und ihre Kinder mit in ihre Verstrickungen hineinreißen. Einer der wichtigsten Aspekte ist, dass unsere Kinder »die Kleinen« bleiben und ohne Verantwortung für unsere erwachsene Beziehung leben dürfen. Wir müssen ihnen in Krisensituationen vermitteln, dass wir, Mutter und Vater, »die Großen« sind, die die Verantwortung für all das, was passiert, übernehmen. Und vielleicht möchten Sie an dieser Stelle eine letzte Übung wahrnehmen, die Ihnen Ihr Verhältnis zu Ihrem Kind oder Ihren Kindern deutlich macht.

Stellen Sie sich nun einfach Ihr Kind vor. Nehmen Sie sich etwas Zeit und lassen Sie sich von den Augen Ihres Kindes berühren. Was können Sie erkennen? Was können sie fühlen? Wie groß oder klein ist Ihr Kind? Wie groß oder klein sind Sie in Bezug zu Ihrem Kind? Unabhängig da-

von, wie erwachsen Ihr Kind ist, Sie bleiben »der Große« – das wird ein Leben lang und auch nach dem Tod so
bleiben. Jetzt können Sie auch Sätze der Lösung sprechen:

»Ich bin dein Vater und du bist mein Kind.
Ich bin der Große und du bist der oder die Kleine.
Ich gebe, du nimmst.
Ich trage die Verantwortung und du darfst spielen.
Du musst dich um mich nicht kümmern, es ist und bleibt
mein Schicksal.
Das mit deiner Mutter kläre ich.«

Wenn Sie diese Worte ehrlich und aus vollem Herzen aussprechen können, darf Ihr Kind glücklich sein und frei sein für sein
eigenes Leben. Dann haben Sie einen guten Job als Vater gemacht. Und wenn Sie Ihren Sohn noch weiter energetisch stärken wollen, dann können Sie vor Ihrem inneren Auge noch Ihren Vater und Ihren Großvater hinter sich stellen und sich Ihren
Sohn vor Ihnen vorstellen. Schöne Sätze dazu sind:

Du bist ein Mann, wie wir!
Heute trage ich die Verantwortung für dich, wie du später auch
für deine Kinder.

Doch selbst der beste Vater sollte seinen Sohn nicht ganz alleine
erziehen. Spätestens in der Pubertät des eigenen Sohnes, wenn
dessen Testosteronspiegel um mehr als das Achtfache ansteigt,
ist es sinnvoll, dass er auch durch andere Männer Männlichkeit
erfährt. Seien Sie also nicht traurig, sondern unterstützen Sie
Beziehungen zu anderen Männern als weitere Vorbilder, in Ver-
einen und sonstigen Gruppen, wo er redlich unterstützt wird.

Seien Sie ein verantwortungsvoller Mann und vermeiden Sie,
Ihre eigenen unerfüllten und ungelebten Sehnsüchte auf Ihr
Kind zu übertragen.

Ein Wort zu Patchwork-Konstellationen

Gegen Ende dieses Buches spreche ich wieder unsere so wichtige Ordnung an. Gerade in neuen Familienkonstellationen wie Patchwork-Familien ist diese Klarheit von weitreichender Bedeutung. Ähnlich einer Fusion von Unternehmen kommen hier mindestens zwei Familienstämme, egal wie geartet, zusammen. Alle Familienmitglieder haben ganz individuelle Erwartungen und wahrscheinlich die unterschiedlichsten Wünsche und Bedürfnisse, die sie auch noch an viele verschiedene Bezugspersonen richten können. Nicht wie in einer klassischen Familie, wo Mutter und Vater die Ansprechpersonen sein sollten.

Hier wird es wichtig, Rollen und Rangfolgen zu beachten.

Grob gesagt, gibt es immer eine zeitliche und eine familiäre Komponente. Die zeitliche richtet sich danach, wer zuerst da war. Zum Beispiel hat die erste Ehefrau mit den von ihr geborenen Kindern nach wie vor ein großes Gewicht und ist von der neuen Partnerin zu akzeptieren, sonst wird es Probleme geben. Die familiäre Perspektive zeigt auf die jeweilige Verantwortlichkeit. Die tatsächlichen Eltern der Kinder sind »verantwortlicher« als die dazugekommenen »neuen« Partner. Gerne werden diese an sich einfachen Regeln durchmischt, bewusst oder unbewusst unterlaufen und sind damit der Garant für Verwechslungen und Streitereien, oftmals zu Ungunsten der Kinder.

Gemeinsam frei sein –
Was ist jetzt mit Ihrer Beziehung?

An dieser Stelle lohnt es sich noch einmal ganz gezielt über die Liebe und unsere Beziehungen in der Liebe nachzudenken. Pierre Franckh beschrieb es in seinem Buch *Glücksregeln für die Liebe* einmal so: »Eine Beziehung wird immer wieder neu erschaffen. Tag für Tag, Woche für Woche. Wenn du willst, ein Leben lang. Heute wäre ein guter Tag.«

Wir kennen es alle – am Anfang einer Beziehung scheint immer alles ganz toll zu funktionieren. Wir bieten uns gegenseitig nur das allerbeste an und zeigen uns von unserer Schokoladenseite. Wir selbst wissen natürlich, dass wir nicht alles zeigen, vielleicht ein bisschen unehrlich sind und eine Fassade aufrechterhalten. Denn wir wollen ja gefallen. Sind wir erwachsen genug, dann ist uns bewusst, dass unser Gegenüber ebenso handelt. Haben wir jedoch unsere Mutter als eine Art »Heilige« kennengelernt, der wir über alle Maßen treu sind, projizieren wir Männer dieses Bild auch auf unser weibliches Gegenüber und gehen davon aus, dass diejenige stets ihr wahres Gesicht zeigt. Eine naive und infantile Vorstellung.

In Wirklichkeit ist unser Partner eine Resonanzfläche. Und meine Erfahrung zeigt, dass jede Beziehung in irgendeiner Form genau die Richtige ist, sonst hätten wir sie nicht. Zu banal? Dann sollten wir uns fragen, warum wir oftmals immer wieder die gleichen Probleme in wechselnden Beziehungen vorfinden, obwohl wir jedes Mal glauben, nun werde es ganz anders. Doch nur wir selbst entscheiden energetisch, wie unsere Beziehung wirklich sein soll. Denn wir sollten wissen, dass wir in unseren Partnerschaften immer nur das Maß an Fülle und Leben erfahren, das auch wir bereit sind, in die Beziehung einzubringen. Wenn wir Männer unsere Partnerin also mit der Mutter verwechseln, dann sind die Weichen bereits gestellt. Setze ich mich ernsthaft mit mir selbst und meinen Erwartungen an das Leben auseinander, weiß ich, dass meine Partnerin meine Probleme nicht für mich lösen kann und wird. Sie ist mehrheitlich Spiegel und möglicherweise Auslöser meiner emotionalen Prozesse, weniger die Ursache! Wenn wir uns selbst und unseren Standpunkt nicht kennen und damit schon gar nicht vertreten können, wenn wir also nicht wissen, was Mann-Sein neben einer Frau bedeutet, dann bekommen wir das, was wir schon immer bekommen haben. Denn wir können unsere eigene Partnerschaft nicht aktiv unterstützen. Nur das Neue, das wir in eine Beziehung mit einbringen, also unsere neuen Erfahrungen und Blickwinkel auch und gerade mit und um unsere Mutter, verändern unsere Beziehung zur eigenen Frau. Glauben wir jedoch, wir müssten die Maskerade des ersten Moments immer aufrechterhalten, wird es uns nicht möglich sein, eine authentische Beziehung zu leben.

Was immer Sie in Ihre Beziehung einbringen, bekommen Sie zurück.

Hören Sie also auf Ihre Worte und Taten, von denen Sie auf Ihre Beziehung schließen können. Hören Sie auf, nur sich selbst zu genügen und Ihrer Partnerin eine Rolle vorzuspielen. Hören Sie auf, »gerne« falsche Verantwortung zu übernehmen und dafür Schuld auszulagern. Die Verantwortung für (m)eine gute Beziehung zu übernehmen, erfordert Mut, und Mut ist männlich.

Wollen Sie also eine gute Partnerin, dann seien Sie einfach selbst ein guter Partner.

So wie uns unsere Kinder nicht gehören, sollten wir uns bewusst sein, dass uns auch unser Partner nicht gehört. In Bayern gibt es ein Sprichwort, das besagt, dass der Mann bei der Hochzeit einmal sage »Ich liebe dich!« und dieser eine Satz bis auf Widerruf Gültigkeit behält. Das ist keine charmante Art, seine Partnerin wertschätzend zu sehen. Und manchmal ist das Erstaunen groß, wenn man erst, wenn die eigene Frau und Partnerin eine Außenbeziehung hat, merkt, dass sie eigentlich schon immer frei war, wie man selbst. Viele Männer sehen es als selbstverständlich an, dass die Frau an der Seite des Mannes bleibt. Doch genau wie Sie ist auch Ihre Partnerin frei und kann gehen, wann immer sie möchte.

Die Haltung, dass die Frau sicher da ist wie Mutti, wäre infantil und nicht zeitgemäß. Dann hätte Ihnen dieses Buch nichts gebracht. Denn mein Ziel mit Ihnen und mit dieser Reise durch das Buch war auch die Bewusstmachung einer gleichwertigen partnerschaftlichen Beziehung. Damit Sie das Geschenk des Lebens zu teilen lernen und den verbindenden Kleber, nämlich die Liebe, nicht erzwingen müssen, damit sie in einem freiheitlichen Miteinander besonders große Früchte trägt.

Was zu dir gehört, musst du nicht festhalten.
Was nicht zu dir gehört, kannst du nicht festhalten.

Vor einigen Jahren haben Freunde von uns geheiratet. Die Freunde des Bräutigams hatten sich eine Show ausgedacht, in der sie als Hauptakt ein Video davon zeigten, wie sie Menschen in der Fußgängerzone interviewt hatten, um ihnen das Geheimrezept einer langen Beziehung zu entlocken. Was für andere Zuhörer kein wirklich außergewöhnliches Erlebnis darstellte, war für mich als Coach eine beglückende Bestätigung. Das Geheimrezept langjähriger Beziehungen ist das miteinander Reden! Ehrliches Reden bringt Tiefe und ist das Fundament einer wirklich gut funktionierenden Beziehung. Wenn wir Menschen nicht miteinander reden, gefährden wir Beziehungen. In jeglichem Bereich. Denn wie das Wort schon impliziert, in Beziehung zu treten bedeutet auch, sich auszutauschen.

Noch eine Gefahr lauert, wenn wir uns verstellen. Wenn wir Männlichkeit über *Materie und Besitz* nur vorgaukeln, werden wir möglicherweise dafür geliebt. Das kann fatale Folgen haben. Wenn unsere Beziehungen darauf aufgebaut sind, informieren wir zwar unsere Partnerin und vielleicht auch unsere Mutter darüber, wie toll wir sind, doch die Ernüchterung wird erfolgen, wenn das Geld nicht mehr in diesen Mengen vorhanden ist. Auch wir Männer müssen Liebe nicht verdienen, sondern werden – wie alle anderen Wesen auf dieser Erde – so geliebt, wie wir sind.

Auch Sie sind pure Liebe! Können Sie das glauben?

Dadurch fühlen wir uns wertvoll. Das ist die Basis einer Beziehung in Balance. Das heißt nichts anderes, als dass wir geben können und dürfen, aber auch nehmen müssen und sollten. Sind wir uns für das Nehmen zu schade, wollen wir Macht. Wollen wir nur nehmen, sind wir abhängig, weil wir immer noch glauben, dass uns jemand versorgen muss, wie einst die Mutter.

Himmel und Hölle entsteht zwischen unseren Ohren – Was Sie nun weiter bringt

Wenn Sie mein Buch bis zu diesen Zeilen gelesen haben, steht jetzt für Sie Persönlichkeitsentwicklung an. Befürchtungen, es könne gar nicht funktionieren sind reine Mindfucks, denn alles, was wir uns wirklich vorstellen können und auch wirklich wollen, können wir auch erreichen. Wenn wir dranbleiben!

Doch immer wieder mache ich die Erfahrung, dass die Anregung zur Selbsterkenntnis wie ein Kochrezept wirkt: Zuerst ist man Feuer und Flamme und möchte das Gericht ganz schnell nachkochen und auch die übrigen Gerichte, die im Kochbuch verzeichnet sind, will man unbedingt angehen. Doch nur ein Bruchteil der Speisen, die wir uns zu kochen vorgenommen haben, landen auch wirklich auf dem Teller. Es fehlt uns an Disziplin und Wertschätzung uns selbst gegenüber. Das mag auch der Grund sein, warum Fertiggerichte um ein Vielfaches mehr verkauft werden als Kochbücher. Wenn es jemand anderes vorkocht und uns sagt, wie es besonders einfach geht, sind wir sehr geneigt, andere die Arbeit machen zu lassen.

Lassen Sie sich nicht verführen, überlassen Sie es diesmal nicht den anderen!

Vielleicht möchten Sie es diesmal einfach anders angehen? Ihr Leben ist natürlicherweise begrenzt und so ist auch die Zeit, die Sie mit den unterschiedlichsten Dingen im Leben verbringen werden, begrenzt. Aller Anfang einer Persönlichkeitsentwicklung und -veränderung ist deshalb das Zeitmanagement – aber nicht, wie wir es in Seminaren lernen!

Wie viel Zeit gönnen Sie sich mit sich selbst?

Eines kann ich Ihnen heute schon sagen, auch wenn ich Sie nicht persönlich kenne: Sehen Sie diese Veränderung als lästige Pflichterfüllung oder wollen Sie es gar jemand anderem recht machen, können Sie dieses Buch getrost in den Schrank stellen. Denn das Arbeiten an uns selbst können wir nicht lernen, wir können es nur wollen. Damit starten wir einen Lernprozess, der ein Leben lang dauern kann und deshalb Freude machen sollte.

Aus meiner langjährigen Erfahrung kann ich heute vereinfacht sagen, dass sich die Möglichkeiten der eigenen Selbstentwicklung auf drei unterschiedliche Arten durchführen lassen:

Als erstes mit dem *Verstand*. Sie können also weiterhin Bücher lesen und sich möglicherweise mit klugen Menschen unterhalten oder Vorträge besuchen. Darüber freue ich mich persönlich natürlich auch immer. So werden Sie Erkenntnisse gewinnen wie ein Forscher oder Wissenschaftler. Und Sie erhalten wichtige beispielhafte Referenzwerte. Ein guter Start, aber noch nicht das Ziel.

Als zweites hilft die *Spiritualität*. Das sind die Dinge, die zwar mit unserem Geist zu tun haben, sich aber damit nicht erklären lassen. Es sind Bewusstseinszustände, die uns über den Tellerrand hinausblicken lassen. Damit meine ich Rituale, Meditationen, Visualisierungen, eben ganzheitliche Verbindungen von Körper, Geist und Seele. Denn wie wusste schon C. G. Jung:

Wer nach außen schaut, träumt.
Wer nach innen blickt, erwacht!

Der dritte Punkt ist der *soziale Wechselmechanismus*. Wie Sie nun in diesem Buch hinreichend erfahren haben, ist niemand von seinen Problemen alleine betroffen oder gar »alleine krank«. Auf irgendeine eindrückliche Weise sind wir alle miteinander verbunden. Obwohl uns der andere oftmals ziemlich auf den Keks geht, können wir ohne andere Menschen nicht existieren.

Im Grunde sind es immer die Verbindungen mit Menschen,
die dem Leben seinen Wert geben.
Wilhelm von Humboldt

Hier liegt auch das größte Erfahrungs- und Veränderungspotenzial. Wenn ich mein Verhalten mit den anderen, also meine Lebensbewegungen mit den Bewegungen anderer abgleiche, dann erhalte ich erlebte Referenzwerte, die ich für mich nutzen kann. Ich erfahre viel über meine Herkunft, meine Wurzeln, mein Sein. Auch der charmante Arzt und Kabarettist Dr. Eckhard von Hirschhausen sagte kürzlich in einem Radio-Interview:

Unser größtes Glück entsteht im Miteinander.

Auch und gerade im Miteinander sind Sie für sich selbst verantwortlich. Sie selbst sind es, der etwas verändern kann. Wenn Sie jetzt etwas bewegen, bewegt sich auch Ihr Umfeld. Das ist eine einfache, systemische Erfahrung und das Gesetz von Ursache und Wirkung. Damit sich etwas bewegt, wenn Projekte funktionieren sollen, gibt es einen Trick: Wir alle sind eigentlich faule Wesen, machen es uns gerne bequem. Diese Bequemlichkeit ist es auch, die uns einen ordentlichen Teil unserer Probleme, die wir heute haben, beschert hat. Wenn wir uns also nicht in den *folgenden 72 Stunden,* nachdem wir uns etwas vorgenommen haben, zu einem aktiven Schritt entschließen und damit den Prozess einleiten, verlieren wir die größtmögliche Chance auf die tatsächliche Realisierung unseres Zieles.

Sie haben es in der Hand!

Ihre Aufgabe sollte es deshalb sein, fünf Aktivitäten schriftlich zu formulieren, die Sie in den nun kommenden 72 Stunden, also drei Tagen, angehen können, um auf Ihr Ziel zuzugehen.

Was möchten Sie jetzt tun?
Welche fünf aktiven Schritte könnten Sie in den kommenden drei Tagen angehen?

Vielleicht möchten Sie mit Ihrer Partnerin sprechen? Dann könnten Sie gleich morgen einen Tisch in einem guten Restaurant reservieren. Mit Ihrer Mutter klärende Worte finden? Holen Sie sie zu einem Spaziergang ab! Ihrem Vater begegnen? Schreiben Sie ihm einen Brief!

Hören Sie jetzt nicht auf und hören Sie auf sich. Jetzt ist der beste Zeitpunkt für den kommenden Schritt. Als neuer Mann!

Not-to-do-Liste für die kommenden Wochen

Ja, Sie haben richtig gelesen. Die ist eine Liste der Dinge, die Sie ab jetzt tunlichst vermeiden sollten. Gewissermaßen als Akut-Support oder Feuermelder, der bei Brand Alarm schlägt!

Das sollten Sie ab jetzt vermeiden:

- Gestatten, dass Ihre Mutter auf Ihr Leben Einfluss nimmt
- Mutters Sichtweise als einzig richtige sehen und zu Ihrer eigenen machen
- Ihren Vater ablehnen
- Sich bedürftig zeigen und aus dieser Idee den Kontakt zu Frauen suchen
- Symbiotische Beziehungen und bedingungslose Liebe suchen
- Konflikte umschiffen und vermeiden
- Ja sagen und Nein meinen
- Ungemütlich wohnen oder gar bei Ihrer Mutter wohnen
- Kochen, waschen, putzen und bügeln anderen überlassen

Denn ... Sie sind erwachsen!

Abschied nehmen und befreien

Eines der wichtigsten Anliegen dieses Buches ist, dass Sie sich ganz persönlich ein Stück weit mehr als Mann erkennen und fühlen und dass Sie erkennen, dass es besser ist, die Beziehung zur Mutter zu erhalten, als sie einfach nur abreißen zu lassen. Die richtige Haltung entscheidet über Ihr persönliches Glück. Die Beziehung zu Ihrer Mutter steht ganz am Anfang Ihres Lebens und ist die wichtigste Wurzel, die Sie haben. Alle Erfahrungen, auch die frühen Erfahrungen unserer Kindheit, sind in uns gespeichert und werden in Form unseres inneren Kindes immer wieder gelebt und erlebt. Auch wenn wir längst nicht mehr abhängig von unserer Mutter sind, kommen wir in der einen oder anderen Situation immer wieder auf die ursprüngliche Befindlichkeit und auch auf die Verletzungen unserer Kindheit zurück. Manchmal neurotisch, manchmal nur kindlich.

Ziel muss es sein, dass wir uns erwachsener fühlen – im wahrsten Sinne des Wortes über uns erwachsen. Wachsen, weil wir uns entbunden haben von der Mutter und dadurch gleichzeitig die Liebe wieder ins Fließen gebracht haben. Erst wenn wir unserer Mutter in Klarheit und als erwachsener Mann begegnen, haben wir es geschafft, unseren Beziehungen Warmherzigkeit und Liebe angedeihen zu lassen und selbst vollständig geworden zu sein. Vollständig heißt, dass ich mich selbst so gut kenne, mich mit meinen eigenen Themen und meinen Anteilen auseinandergesetzt habe und mich selbst akzeptiere, so wie ich bin. Damit akzeptiere ich auch die Beziehung zu meiner Mutter.

Der Lohn für die Arbeit an Ihrem Selbst und Ihren Beziehungen wird eine große Leichtigkeit sein, die Sie sich heute vielleicht noch gar nicht vorstellen können. Und deshalb möchte ich Sie nicht zuletzt aus eigener Erfahrung ermutigen, das Zepter in die Hand zu nehmen und sich dem Alten zu stellen, um wirklich neues Land zu gewinnen. Vieles mag noch nebulös scheinen oder gar unlösbar. Meiner Erfahrung nach ist jeder Schritt, sei er auch noch so klein, ein Schritt der Heilung. Jede Übung aus diesem Buch bringt Ihnen ein Mehr an Klarheit und Lebensfreude, damit Sie das Leben rückwärts verstehen und vorwärts endlich frei in Freude und Leichtigkeit leben können. Das wünsche ich Ihnen von ganzen Herzen.

Sollten Sie Fragen zu einem oder mehreren Themen aus dem Buch haben oder nicht wissen, wie Sie als Mann (oder Frau eines Mannes) weiter vorgehen können oder mir neue Anregungen mitteilen wollen, freue ich mich über einen Kontakt per E-Mail: uwe.pettenberg@ichselbstag.de. Ich werde Ihnen auf jeden Fall antworten. Und vielleicht lernen wir uns auf diesem Weg einmal kennen und haben die Gelegenheit, uns unter Männern auszutauschen.

Danke

Sie haben ein Buch gelesen, dass auch ich mir vor knapp zwei Jahrzehnten gewünscht hätte. Danke für Ihr Vertrauen. Ein Dank auch an meinen Verlag, der sich wieder einmal daran gewagt hat, eine Nische zu sehen: Männer. Wie Sie gelesen haben, ist der wesentliche Impuls für einen Mann, um glücklich zu werden, die Freiheit von der Mutter. Heute, nach knapp 20 Jahren Arbeit an mir und mit berührenden Ergebnissen all der Männer, mit denen ich arbeiten durfte, bin ich nach langer Reise und vielen Irrungen mehr als nur bei mir angekommen.

Seit über einem Jahrzehnt lebe ich glücklich in und mit meiner eigenen Familie, die ich mir ein Leben lang so sehr gewünscht habe, weil ich selbst sie nicht hatte. Mein großer Dank geht deshalb an meine geliebte Frau und loyale Kritikerin meiner schönen Arbeit, Nina, die ich noch so verehre wie am ersten Tag, und unsere beiden geliebten Söhne, als Beweis meiner und unserer Schöpferkraft. Neben der großen Liebe, die uns verbindet, sind wir auch Freunde, eine unerlässliche Voraussetzung für ein glückliches Leben zu zweit. Die für ein leichtes und humorvolles Leben erforderliche positive Grundhaltung durfte ich von meiner Mutter lernen und dennoch, obwohl ich frei erzogen wurde, gab ich mir selbst die Freiheit nicht, weil wir einen ungeschriebenen Mutter-Sohn-Pakt hatten. So geht mein später Dank auch an meine Mutter Ruth, die seit langen Jahren nicht mehr unter uns ist, aber in meinem Herzen einen festen Platz hat. Und last but not least ein großer Dank an meinen Vater Henning. Wir haben in den letzten Jahren Raum und Zeit gefunden und uns auf unsere Art wiedergefunden, obwohl wir den Kontakt nie verloren hatten. Von ganz besonderer Energie ist deshalb auch das Titelbild dieses Buches, denn es ist von ihm fotografiert. So schließt sich der Kreis. Mit diesem Buch haben sich Sohn, Mutter und Vater auf eine ganz eigene Weise zusammengefunden. Das macht mich nicht nur glücklich, sondern schließt auch den für mich so lange Jahre offenen Zyklus in meinem Herzen. Mit diesem Buch bin ich vollständig geworden, entbunden, frei und glücklich. Danke.

Coaching-Workshop als Download

Wenn Sie diesen QR-Code via Smartphone nutzen, erhalten Sie von mir kostenfrei und ergänzend zu diesem Buch eine weitere Unterstützung auf Ihrem persönlichen Glücksweg der Befreiung, dem Männer-Prinzip.

Falls Sie kein Smartphone benutzen oder Probleme mit dem Download haben, kontaktieren Sie mich bitte: uwe.pettenberg@ichselbstag.de.
Sie erhalten dann einen exklusiven Zugang über meine Website und können dort den Workshop downloaden.

Da es sich unter anderem um eine geführte Meditation handelt, bitte ich Sie den Inhalt nicht während der Autofahrt oder anderen verantwortungsvoller Tätigkeiten zu nutzen. Nehmen Sie sich ganz bewusst die Zeit für sich und Ihre Entwicklung. Ich wünsche Ihnen viel Freude und Erfolg beim Hören, Fühlen und Verändern.

Literatur

Bauer-Jelinek, Christine: *Der falsche Feind. Schuld sind nicht die Männer.* Salzburg 2012.

Betz, Robert: *So wird der Mann ein Mann! Wie Männer wieder Freude am Mann-Sein finden.* München 2010.

Biddulph, Steve: *Männer auf der Suche. Sieben Schritte zur Befreiung.* München 2001.

Dahlke, Ruediger: *Die Schicksalsgesetze. Spielregeln fürs Leben – Resonanz, Polarität, Bewusstsein.* München 2009.

Franckh, Pierre: *Glücksregeln für die Liebe.* Burgrain 2004.

Geo Wissen Nr. 52, 11/2013: *Mütter. Wie sie uns ein Leben lang prägen.*

Halpern, Howard M.: *Abschied von den Eltern. Eine Anleitung für Erwachsene, die Beziehung zu den Eltern zu normalisieren.* Salzhausen 2012.

Heller, Laurence und Aline Lapierre: *Entwicklungstrauma heilen. Alte Überlebensstrategien lösen, Selbstregulierung und Beziehungsfähigkeit stärken.* München 2013.

Hellinger, Bert: *Zweierlei Glück: Konzept und Praxis der systemischen Psychotherapie.* München 2002.

Hellinger, Bert und Gabriele ten Hövel: *Anerkennen was ist. Gespräche über Verstrickung und Lösung.* München 2007.

Hepe, Hans-Peter: *Heilung aus eigener Kraft. Der effektive Weg aus Krankheit, Krise und Konflikt.* Reinbek 2014.

Hüther, Gerald: *Was wir sind und was wir sein könnten. Ein neurobiologischer Mutmacher.* Frankfurt a. M. 2011.

Konrad, Sandra: *Das bleibt in der Familie. Von Liebe, Loyalität und uralten Lasten.* München 2013.

Kopp-Wichmann, Roland: *Frauen wollen erwachsene Männer. Warum Männer sich ablösen müssen, um lieben zu können.* Freiburg 2009.

Leimbach, Björn Thorsten: *Männlichkeit leben. Die Stärkung des Maskulinen.* Hamburg 2010.

Pettenberg, Uwe: *Du bist der Held in deiner Welt!* Regensburg 2012.

ders.: *Ihr macht mich alle krank!* München 2014.

Precht, Richard David: *Wer bin ich und wenn ja, wie viele? Eine philosophische Reise.* München 2007.

Salcher, Andreas: *Erkenne dich selbst und erschrick nicht.* Salzburg 2013.

Schäfer, Reinhold Hermann: *Männer Quest. Die Reise ins Herz des Mannes.* Uhlstädt-Kirchhasel 2000.

Scherrmann-Gerstetter, Beate und Manfred Scherrmann: *Endlich in Frieden mit den Eltern und frei für das eigene Leben.* Freiburg 2012.

Ulsamer, Bertold: *Wie Sie alte Wunden allein heilen und neue Kraft schöpfen. Familienaufstellung ohne Stellvertreter.* München 2012.

Ustorf, Anne-Ev: *Allererste Liebe. Wie Babys Glück und Gesundheit lernen.* Stuttgart 2012.

Zurhorst, Eva-Maria: *ida. Die Lösung liegt in dir.* München 2011.

CDs und weitere Bücher von Uwe Pettenberg

Ihr macht mich alle krank! (Buch)

Du bist der Held in deiner Welt® (Buch)

Du bist der Held in deiner Welt® (Systemisches Legespiel zum Buch)

Huhn oder Adler? Grenze oder Freiheit? (Vortrag auf CD)

Wecke deine Kraft-Reserven. Verändere dein Leben – Jetzt. (CD)

Entfalte Deine wahre Kraft. Besuch bei Deinem Inneren Kind. (CD)

Eigene Begrenzungen erkennen. Zur inneren Kraft der Veränderung finden. (CD)

Leben ohne Angst! (CD)

Endlich frei I. Ich entbinde mich von meiner Mutter. In Liebe. (CD)

Endlich frei II. Ich entbinde mich von meinem Vater. In Liebe. (CD)

Ich helfe meinem Kind! Heilung für Ihr Kind und die Eltern-Kind-Beziehung. (CD)

Mein Partner hat mich verlassen! (CD)

Mein Körper heilt. Durch Kranksein leben lernen! (CD)

Ziele erreichen! Endlich! (CD)

Wie wir wohnen zeigt, wer wir sind

An der Art, wie Sie Ihren Lebensraum gestalten, können Sie ablesen, wie Sie Lebensthemen angehen. Und wer seinen Lebensraum aufmerksam betrachtet, lernt Erstaunliches über sich selbst. Durch Tests, Fragebögen und Erlebnisübungen kann jeder konkret erfahren, wie er seinen Lebensraum zu einem Wohlfühlraum umgestalten kann, der zu ihm passt. Mit zahlreichen Fallbeispielen und einem Vorwort von Ruediger Dahlke.

Begeben Sie sich auf eine spannende Reise zu sich selbst, Ihrem Zuhause und in Ihre Seele.

Uwe Linke
Die Psychologie des Wohnens

136 Seiten mit zahlr. Fotos, ISBN 978-3-485-01308-6

nymphenburger

www.nymphenburger-verlag.de

Jeder kann schlafen lernen!

Überforderung im Alltag, ungelöste Probleme, körperliche Beschwerden: Ursachen für Schlafstörungen gibt
es viele. Die Entspannungs- und Hypnotherapeutin
Susanne Oswald zeigt, wie man Körper und Geist ent-
krampft und auf die nächtliche Ruhe vorbereitet. Ein
einzigartiger Schlafplan hilft dabei, innere und äußere
Störer auszuschalten sowie den eigenen Schlafrhyth-
mus zu finden und zu trainieren.

*Von Aromatherapie bis Zehen-
stretching: Hilfreiche Strategien für
erholsame Nächte.*

Susanne Oswald
Nie wieder schlaflos

ISBN 978-3-7766-2747-3 · Schlaftest auf www.herbig-verlag.de

HERBiG www.herbig-verlag.de